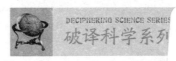

DECIPHERING SCIENCE SERIES
破译科学系列

王志艳◎编著

U0695818

破译不可思议的
社会科学之谜

科学是永无止境的
它是个永恒之谜
科学的真理源自不懈的探索与追求
只有努力找出真相，才能还原科学本身

延边大学出版社

图书在版编目（CIP）数据

破译不可思议的社会科学之谜 / 王志艳编著．—延吉：延边大学出版社，2012.9（2021.6 重印）
（破译科学系列）
ISBN 978-7-5634-5030-5

Ⅰ．①破… Ⅱ．①王… Ⅲ．①社会科学－通俗读物
Ⅳ．① C49

中国版本图书馆 CIP 数据核字（2012）第 221017 号

破译不可思议的社会科学之谜

编　　著：王志艳
责任编辑：李东哲
封面设计：映像视觉
出版发行：延边大学出版社
社　　址：吉林省延吉市公园路 977 号　邮编：133002
电　　话：0433-2732435　传真：0433-2732434
网　　址：http://www.ydcbs.com
印　　刷：永清县晔盛亚胶印有限公司
开　　本：16K　165×230 毫米
印　　张：12 印张
字　　数：200 千字
版　　次：2012 年 9 月第 1 版
印　　次：2021 年 6 月第 3 次印刷
书　　号：ISBN 978-7-5634-5030-5
定　　价：38.00 元

人类文明是如何起源的？微型甲骨文是怎样发现的？古罗马的道路是怎样修建起来的？为什么故宫中外闻名？景观之美，美在何处？好战是人类的天性吗？快乐到底是什么？

……

世界之大，真是无奇不有。即使在人类文明已经发展到今天如此高度发达的时代，社会科学的广阔天地中，仍然充满了一个又一个扑朔迷离的未解之谜。面对真与假、离奇与悬疑，我们满怀好奇与探索的精神去试图被解，然而一个谜底刚解开，新的谜底却又应运而生……也许，人类就将永远这样，在永无止境的科学探索和追求之中，才能不断得以进步和发展。

青少年充满好奇心，富有求知欲望，往往对社会科学具有浓厚的兴趣，而且对社会科学领域许许多多的未解之谜充满了好奇心。这是青少年的心理特点，也是人类社会进步的一种基本动因——人类正是在这种不断探索的过程中，一步步向前迈进的。

希望本书的出版发行能进一步激发青少年读者的兴趣与爱好，使其更加努力学习科学文化知识，掌握探求知识的本领，去探索未知领域的真相。

本书在编写过程中，参考了大量相关著述，在此谨致诚挚谢意。此外，由于时间仓促加之水平有限，书中存在纰漏和不成熟之处自是难免，恳请各界人士予以批评指正，以利再版时修正。

目录
CONTENTS

人类文明起源之谜

在法国洛特的佩什·梅尔山洞，有块岩石的表面画着一匹马，那外形自然让人想到动物的轮廓。画的周围有大片的颜料痕迹和手印。确切年份已无从查考，但可以肯定作画时间在3.5～2.5万年前的奥瑞纳文化时代。法国朗德省布拉桑普伊的"维纳斯"象牙头像则雕刻于2.7～2.2万年前。此后年代里

△ 法国拉斯科洞窟壁画

的雕刻和绘画在世界各地均有所发现，只是在欧洲以外发现的作品都是露天创作的，经过漫长的岁月显然有所损坏。狩猎采集时代的这些艺术遗物可追溯到相当久远的年代，人类的出现却比这早得多，大约是在10万年前。在欧洲，早期人类与尼安德特人共存了数千年；在其他地方，早期人类取原人而代之。艺术作品的产生很有可能远在3.5万年前，仅仅是没有保存下来罢了。不过公认的看法是：早期人类得经过几万年，方能达到进行艺术创作的智慧水平。

为什么要花如许长久的时间，人类才开始表现周围的世界呢？一种观点认为，当时人类的生活极为艰苦，单纯为了谋生就不得不耗费全部精力，没有时间搞艺术创作。按照这种看法，艺术创作要等到更加稳定、更大规模、相互协作的人类群体组织发展起来以后才行。据推测在人类群体组织里，具有绘画才能之士被赋予特殊地位，有时间专门从事他们精彩的创作。在我们

眼里，许多史前艺术作品很美，但在雕刻成就取决于能否制作更为锋利的燧石工具的那些人当中，这类作品想必曾使一些人钦佩不已，而其他人或许对它们漠然置之。欣赏艺术表现形式的人显然与日俱增，因为这类创作变得越来越普遍。

关于史前艺术的起源，又出现了另一种观点。史前艺术问世前的早期人类头盖骨与我们现代人的头盖骨结构一致；也有可能那时人类头盖骨中的脑仍未充分发达，还须等脑内的最终联合区形成，方能给艺术创作提供条件。这一观点总归不太有说服力，因为脑是有机组织，死后很快腐烂。就算有那么凑巧，当真找到了早期人类的脑化石，可又有什么法子解剖它，看看到底差别何在呢？即便在当今，我们对脑究竟如何工作也还不甚了解。尽管如此，还是有人指出，儿童一旦有了握住蜡笔的灵巧性，便开始画画，这好像是天性使然，即便长大后未必有艺术才能的孩子也是这样。画画的本能是否5万年前就有？

在技法和材料上，世界各地的史前艺术作品显示出高度的一致性。碳条和氧化锰之类的矿物颜料被用于绘画，蚀刻和雕刻则是用坚硬的石头工具在石灰岩或象牙上完成。所刻画的对象只限于动物、人物、抽象标记或几何图案，没有果实、花或者风景。除以上几点相同之外，作品的象征意义在世界各地有颇大差别，这清楚地反映了神话与习俗之多样性。甚至在法国、南非和印度的一些毗邻地区之间，情况亦是如此。

许多专家认为，技法的相似表明了一点：史前艺术家所用的颜料及工具均取材于随处皆有的物质。相比之下，象征意义的丰富多样揭示了各个小文化群体之间并无很深程度的交往，不足以形成广泛共有的信仰与习俗。近年来已证实，甚至晚期的尼安德特人也能通过仿效新的、更聪明的人种——克罗马农人，学会改进工具的制作方法。然而，文化的交流毕竟还只在萌芽阶段，无法与最终产生了美索不达米亚与埃及大一统社会的那种交流相提并论。

20世纪50年代，人类学家提出了一种著名的理论："文明"产生于小而分散的人类群体初次相遇之时。其间的习俗和神话差异造成知觉上的冲击波，促使两个群体进行几百乃至上千年来头一遭的改变。"新异之振荡"会永久地扭转那些静态的社会，无可避免地引发冲突，同时也播下未来成长的种子。这里值得注意的是在法国多尔多涅邻近地区各个经过装饰的山洞中，有一种共同的屋顶形设计，是同一时期内其他地区所没有采用过的。"建筑"上的共同特征并没有影响到山洞里所画的东西，后者依然风格迥异。

象征性绘画与雕刻的创作虽然可谓我们智人与早先原人之间泾渭分明的界线，却不见得是我们所谓"文明"的动力。文明有待于书面语和数学的发展，这中间要经过漫长的等

△ 撒哈拉沙漠史前岩画

待。最早的图形艺术可回溯至3万年前，而书面语却直到7000年前才出现，数学则直到5000年前出现。

"文明"是个调皮的字眼。许多词典首先将它定义为一个过程——开化或者被开化；其次是将它定义为一种状态，涉及高级的社会组织以及艺术与科学的进步；"文明"的第3个含义同整个文化有关，要么指一个民族、国家，比如日本，要么指一段历史时期，比如雅典的黄金时代；最具争议的是第4个定义，对于它人们众说纷纭。《韦伯斯特大词典（完全版）》上是这么写的："被认为已经达到了社会和文化发展之高级阶段的国家与人民。"此说马上产生了一连串的问题："谁认为？谁在下判断？当真是人人都这样认为？"

从1492年哥伦布航海，到19世纪美国的印第安人部落最终消亡，这段欧洲白人征服美洲的历史使得以上问题尤为突出。美洲的人民几乎统统被欧洲

人看作"野蛮人"。而事实上，玛雅人在被征服的时候对于天文学的了解胜过欧洲科学家。在北美洲有过易洛魁联盟——东部土著美洲人部落的联合体。18世纪40年代，本杰明·富兰克林声称，殖民地居民若想成立自己的政府，应当以之为楷模。妇女在易洛魁联盟中有选举权，然而在最初的美国宪法下却没有，在伯里克利的雅典也没有——那个雅典作为西方民主概念的发祥地而被称道至今。在美洲究竟谁开化了谁呢？

为避免诸如此类的难题，我们在下文中最好还是专谈狭义上的文明，把社会风俗、宗教信仰、统治形式以及对人（包括对妇女）的剥削之类问题搁置一边，不管一个人娶几个老婆，是不是食人族，拥不拥有奴隶，也不谈道德问题与阶段。我们只关注早期人类怎样、何时、又为什么转变成了后来的人类。前者充其量只是聪明动物，后者却开始创造初步的文字，又进而发现了基本的数量关系。从这个意义上讲，文明之开端在于创造词语描述外部世界，发明符号用于记载多量的物品并促进物品的往来交易。

在人类的进化过程中，喉部的位置降低是使人类脱离原人的关键因素之一。喉部的改变不但让人有了更加浑厚而富于变化的声调，而且方便了脊柱的发育，那又促成了直立姿势，使头部位置与更大的颅腔相适合。喉部低位与脑部膨大之间的关联，或许不是马上就意味着语言的发展。我们无法知道语言是什么时候开始发展的。谁要是去过语言不通的外国就会懂得，在情急之际，人会用手势、表情，还有表示不满、恳求或愉快的嚷嚷声，来传达相当复杂的愿望。当然，这同真正的语言只有皮毛的相似。过去几十年的研究表明，黑猩猩能运用上述种种手段，相互作很多交流。研究人员教过一只名叫华休的雌性黑猩猩，用聋哑人的手势语做出上百个词语的手势，那只黑猩猩因此出了名。华休对于自己做的手势，究竟理解了多少？人们为此还有争论。不过它的成绩确实表明，早期人类不用口头语，可能也有办法传达很多意思。

口头语是怎样、在何时发展起来的，我们不得而知；甚至对于口头语如何同书面语相衔接，我们也不清楚。罗马语言，包括意大利语、法语、西班牙语、葡萄牙语乃至罗马尼亚语，均来自拉丁语，那当然是有文字的语

言。斯拉夫语族（俄语、波兰语、塞尔维亚—克罗地亚语）和日耳曼语族（英语、德语、丹麦语）就不同了，正如斯坦福大学的梅里特·鲁伦所说："通常的情形是：始祖语并非书面语，我们只能以其在当代的后裔语作为证据。"由于缺乏斯拉夫和日耳曼语言始祖语的文字记录："这两种始祖语分别被称作原斯拉夫语和原日耳曼语。它们就跟拉丁语一样，肯定存在过。"并不奇怪，拥有伟大的拉丁文学的罗马人小看了这些北方的"蛮族"；而"蛮族"尽管没有书面语，却洗劫了罗马。

《贝沃伍夫》是最古老的英语叙事诗，完成于8世纪初。该叙事诗是用古英语写的，同现代英语大不一样，所以给今天讲英语的人看还得翻译。事实上，英语是世界上最灵活的语言，根子生在日耳曼语族里，却喜欢从地球上一切其他语言中吸收养分。说英语出现得比较晚也许令人泄气（很遗憾，亚瑟王的卡米洛城堡里可没有人会舞文弄墨），但这确实告诉了我们很重要的东西：英语的历史要比书面语悠久得多。尽管因为缺少书面记载，很大一部分历史失传了，可是像巨石阵这样的遗址却昭示着我们，许多辉煌曾经闪现，有过炉火纯青的口头语是毋庸置疑的。虽则如此，历史毕竟取决于书面记载，因而我们真正了解得很多的早期文明是古代的苏美尔与埃及文明。

苏美尔人居住在底格里斯河与幼发拉底河流域一个叫做美索不达米亚（意为"两条河流之间"）的地区，这里如今是伊拉克的领土。长期以来，美索不达米亚被称作"文明的摇篮"，人们相信书面语和数学正是在这片肥沃的河谷地上诞生的。书面材料被用来记载赋税单据，苏美尔人的文字叫楔形文字，其笔画呈楔形，通常写在陶土板上，同更为著名的埃及象形文字颇为相像。楔形文字由于刻在陶土板上而得以长久保存，方便了现代的考古学家去发掘，语言学家去解读。这里有值得寻思之处：很可能还有更早的文字，但因为是写在兽皮之类的东西上，难免湮灭殆尽。

最早的楔形文字记载，可追溯至公元前5000年。1998年，德国的考古队在阿拜多斯发现了埃及象形文字遗物。阿拜多斯位于埃及南部，靠近卢克索，曾是古代的一个宗教中心。根据碳同位素测定的结果，所发现的象形文字遗物出自公元前5300年，比苏美尔人最早的文字记载还要早，而且它们也是赋税记录。由此可见，不论哪一种文化最先产生了书面语，目的都是一个：记录统治阶级向人民征收的钱粮。出现在书面语之前的大量图形艺术显然具有宗教意义，在世界各地都是如此，于是有些人认为，人类文明有着精神的动力。可是在这里，我们看到文明概念的"价值"侧面正滋长着。在苏美尔人和埃及人的文化中，宗教的确是高度发达的；然而一触及实际的文书内容，我们所看见的却是赋税记录。这一区分意味深长：宗教信念可以用虔诚的习惯来衡量——你能看见某人跪着或俯卧着祷告。目不识丁的人可以像识文断字的人一样虔信。但要记下已付的税款，你得想法写出来。所以数学也发明在美索不达米亚，而这决非偶然。

在好几个世纪里，人们以为数学是希腊人发明的——亚里士多德、毕达哥拉斯以及他们的同事提供了令人折服的证据。1877年，学者破译了林德先生收藏的古埃及莎草纸手稿，其中有迹象表明，早在希腊人之前数学就有了某种进展。到20世纪20年代，人们发现美索不达米亚陶土板上的数学内容比任何其他来源还要早。公元前3000年的苏美尔计数系统同埃及的一样，采用十进制，以10为底数。在公元前2000年取代苏美尔人的巴比伦帝国转而采用灵活得多的数位系统，其底数为60。也许听上去有点怪，底数60不但能被2和5，也能被3和4整除，比底数10略胜一筹。巴比伦的文士们开始钻研更先进的概念，求解线性和二次乘方的题目，所使用的方法对于还没有忘记高中代数的人来说不会陌生。有些题目超出了实际需要的范围。换句话说，在耶稣降生前1000年，毕达哥拉斯着手研究前几个世纪，数学就成了本身值得研究的学科。

总之，在公元前5000至前3000年的两千年里，书面语和数学就在这"文明的摇篮"里诞生了。在世界其他地方，进步可没有这么快。汉语直到公元前1400年才有了文字形式。又如前所述，日耳曼人和斯拉夫人进步得更慢。可以把这种差距看作从气候到经济制度多种不同因素共同作用的结果。由此引出的问题足够让学者们无休止地争论下去。关于有些文化为何在书面语和数学方面落后于其他文化，意见尽管有分歧，不过这当中其实没有什么本质上的神秘之处，因为时间差距并不那么非同寻常。

真正非同寻常的是，人类花了将近10万年时间，才走到了书面语和数学成为必要（或者说可能）这一步。书面语和数学一经问世，就在其发源地的毗邻地区疾速传播与发展。"希腊的荣光"接踵而至，从中涌现出戏剧、诗歌、哲学及科学理论，启迪西方文明直到如今。显然，人类文化的这一"大爆炸"是蕴蓄已久，一发则势不可挡。然而问题依旧是：为什么经过这么久？人类在地球上最初10万年究竟发生了什么？从拉斯科山洞和澳大利亚腹地土著居民的圣地中，或许能找到若干线索。这些人已经能够制作图形符号，有些很美观，但其含义对我们来说是个谜。在我们看来，从史前艺术作品中奇特的几何形状，到苏美尔人和埃及人转用作文字的井然有序的图形和符号，仿佛不过一步之遥，而实际上却经历了一段漫长的旅程，所花的时间比起从最早的楔形文字到因特网来，要长十几倍之多。

人们长期以来相信，要做到这一步，得经过很长时间的进化。但这种看法正受到种种质疑。新的证据表明，地球上生命起源所经历的时间，可能比人们一度认为的要短得多——而且我们依然在进化着。突然之间，在20世纪下半叶，世界上有越来越多的孩子生下来就没有毫无必要的智齿，那对牙从记不清年月的往昔起，就折磨着人类。同样，有些孩子天生地脊柱短一点，对于我们这个直立行走而不是四脚爬行的物种来说，意味着背痛减少。为何要等那么久，又发生得那么突然？进化过程的这些谜团为人类提供了更富有推测性的问题。从人脑中数以亿计的神经联结来看，是不是早期人类还没有充分定型？是不是还有些环节要等后来形成，才可以让我们写下自己的历史以及对于未来的更好展望？是不是有一些神经联结使我们能够计算通往星球的路程？

我们不知道，也许将来也不可能知道。

微型甲骨文未解之谜

甲骨文是商朝（约公元前17～11世纪）的文化产物，距今有3600多年的历史。商代统治者迷信鬼神，其行事以前往往用龟甲兽骨占卜吉凶，以后又在甲骨上刻记所占事项及事后应验的卜辞或有关记事，其文字称"甲骨文"。

自清末在河南安阳殷墟发现有文字之甲骨已有100年了，目前出土数量在15万片之上，大多为盘庚迁殷至纣亡王室遗物。因为出自殷墟，故也称殷墟文字；因所刻多为卜辞，故又称"占卜文字"。甲骨文目前出土的单字共有4500个，已识2000余字，公认千余字，它记载了3000多年前中国社会政治、经济、文化等各方面的资料，是现存最早、最珍贵的历史文物。

在出土的甲骨文当中，有一种甲骨文非常特殊，那就是在陕西岐山县古周原凤雏村出土的微型刻字西周甲骨文，现存于陕西省岐山县文物管理所，它们大都是3000年前西周灭商前——周文王晚年到周康王初年的作品。

微型刻字西周甲骨文中很多内容是以前发现的古文字中所没有的，极为珍贵。这批甲骨文共有293片，甲骨上锲刻的文字小如芥籽，笔画细若秋毫，需借助5倍以上放大镜方可辨认。书法分直笔和圆笔，其直笔锲刻有力、折直劲迅；圆笔锲刻婉逸、笔法娴熟自如。其中有一片卜甲的面积仅2.7平方厘米，如小纽扣一般大小，上刻细如发丝的甲骨文字共30个。刻字部分仅占卜甲面积1.17平方厘米，个别字体径方不足毫米，足见其微小。

这些微型刻辞的作者是什么人，又是用什么样的工具锲刻的？在古代还没有放大及显微技术的情况下，我们的祖先是怎样来辨认这些字迹的呢？所有这些，至今还都是未解之谜。

谁绘制了最早的古地图

世界的7大洲中，南极洲是最晚被人们所认识的大洲。并且因为南极洲终年有暴风雪，气候条件十分恶劣，鲜有人类居住。可是，一幅古地图的发现却打破了人们这固有的观念，这幅古地图说明了早在几千年前，人类就已经开始了对南极的探险，并且绘制了地图，这是多么不可思议的事情，即令人惊讶不已，又令人高度兴奋。

最早的古地图是皮瑞雷亚斯的地图，它不是任何的骗局，而是1513年在君士坦丁堡绘制成的。1957年，古地图被送到了美国海军制图专家、休斯敦天文台主任汉南姆那里，经过科学分析研究，认定古地图不仅异常准确地描绘了地球外貌，而且包括了一些我们今天也很少勘察或者根本没有发现过的地方。这幅古地图被称为了"古地图之谜"，是世界文明史的重大奇迹之一，那么，它的"奇"究竟是在什么地方表现出来的呢？

△ 罗马《阿格里帕世界地图》（约公元前7年）是已知最早的罗马世界地图

第一，南极洲图形之谜。这幅古地图描绘的是"冰层下的地形"，也就是南极洲穆德后地被冰雪覆盖之前的真正面貌。自从公元前4000年，穆德后地被冰雪覆盖以来，世人就无缘一睹它的真面目。直到1949年，英国和瑞典的一支科学考察队抵达南极，对穆德后地展开全面的地质调查，人们才一睹

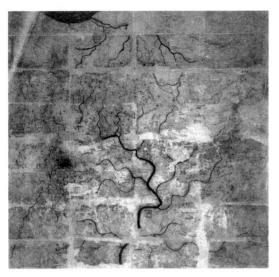
△ 长沙马王堆汉墓出土最早的实测地图

它的"芳容"。

难以想象18世纪之前，在任何人都不可能知道南极洲的真实面目的情况下，古地图的绘制者却绘制出了精确而且清晰的南极洲地图，他们难道到过南极？更令人不解的是，几千年来，人们并不知道南极洲厚达4500多米的冰层的下面有山脉，但是古地图不但绘制出了这些山脉，甚至标出了高度。我们今天的地图是借助回声探测仪才绘制出来的，那么古地图的绘制者是怎么知道这一切的？

第二，"泽诺地图"之谜。"泽诺地图"上的挪威、瑞典、德国、苏格兰等地的精确度以及岛屿经纬的精确度，达到了令现代人吃惊的地步。除了精确之外，"泽诺地图"还绘有今天并不存在的岛屿。根据专家的猜测，这些岛屿以前确实是存在过，不过现在已经沉入了海底，还有一种可能就是它们已经被南下的巨大的冰块所覆盖。这些岛屿的存在证明了地图的真实性，难道会有今天的人们来绘制造早就已经不存在的岛屿吗？地图的真实反而使我们有了更多的困惑：远古的人类，科学难道已经发达到如此的地步，以至于他们竟然可以绘制这样精确的地图，他们的地图有什么作用吗？他们应该不是简单地为了绘制而描画了远古的地形的，那么，地图的用途是什么呢？难道是古人远航所用的吗？

第三，地图是空中绘制的吗？现存两块羊皮纸的地图残片，上面分别写有"回历919年"（即公元1513年）和"回历934年"（公元1528年）的日期。这两块羊皮纸吸引人的地方在于它们绘制独特。地图上的陆地与海岸线呈现明显的歪斜现象，并且南美洲看上去比实际大了许多。人们本来以为是地图绘制者的失误，然而经过仔细的研究却发现，它们竟然与第二次世界大战中美国空军的地图十分相似，而美国空军的地图是采用正距方位作图法绘制的。正是因为从空中俯视地面，所以陆地与海岸线呈现了明显的歪斜现象。由于地球是一个球体，离开地图中心的区域就好像是"下沉"了，歪斜了，所以南美洲看上去比实际大了许多。古地图的绘制情况是如此的，而美国登月飞船上所拍摄的地球的照片竟然与古地图有惊人的相似之处。难道这又是一个巧合，难道古地图是古人在天空中绘制出来的？有这样的猜测的确是匪夷所思的，但是除此之外，我们还有什么更好的答案呢？

△ 巴比伦约公元前600年《世界地图》是现存最早的世界地图之一

如果要绘制如此精确的地图，就必须具备两个基本的条件：其一是必须在空中飞行。其二是必须有在空中拍摄的器具与技术。人类掌握空中拍摄的技术不过是近代的事情，古代的人们是如何掌握了这样的技术，他们的拍摄器具又是如何制造的呢，如果古人不具备这样的条件，他们又是怎样绘制出地图的呢？并且地图的精确度是这样的令我们赞叹！

是外星人帮助我们的古人绘制的地图吗？很明显，许多学者并不赞同这样的观点。那么，如果不是天外来客的帮助，我们的祖先是怎样绘制出地图的呢，到底是什么人绘制了地图，他们又是采用了什么样的方法来绘制的呢，他们绘制这样的地图的用意是什么呢？他们为什么要绘制在今天看来是超出了他们的实际需求的地图呢？

面对这样的疑问，我们期盼学者们的研究会给我们一个满意的答案，我们或许只能期盼来自未来的回答了。

古埃及庙宇中的神秘文明揭秘

古埃及是世界文明的发源地之一。古埃及人民在文字、历法、艺术、科学知识等方面，对西部亚洲和欧洲曾经有过相当的影响，对人类作出了不可磨灭的贡献，同时古埃及也留下了诸如金字塔、法老魔咒等人类难以解释的神秘现象。

距今3000年的古埃及人，一直是考古学家研究的对象。这个文明古国至今仍有不少未能解开的谜团。最奇怪的是，3000年前的古埃及浮雕之上，竟然有先进的飞机图案出现。

考古学家们普遍认为，这些不规则图案，可能是当地人记载见闻的方法。

古埃及庙宇除了有祈福用途外，且还是具有政治色彩的地方。祭师除了是宗教领袖之外，还参与不少政治上的决策，古埃及无疑是一个政教合一的部族。

在1979年，英国考古学家韦斯在埃及东北部一个荒芜沙漠中，发现一所古庙遗址，起初他只视之为废弃庙宇看待。不过，当韦斯细看到庙宇的壁画时，却在其中一处浮雕壁画中，发现一个奇怪现象，就是看见与现今飞机形状极为相同的浮雕，以及一系列类似飞行物体。

△ 埃及古神庙遗址内的飞行器浮雕壁画

在这个庙宇发现的浮雕中，有至少三四个飞行物，与今日的飞机、潜艇或是飞船形状极为相同，而诸如此类的现代文明的产物直到19世纪才发明出来，但竟然在3000年前的古埃及的壁画中出现，科学家至今对此都摸不着头脑。

研究外星人的学者一直相信，远古的高度文明，是由外星人传来的。类似传言，在阿特兰提斯与玛雅文明等探究中，都不绝于耳。古埃及人是否曾经接触过外星人，虽然暂时不可妄下定论，但是以古埃及这个极为看重历史与教育的民族而言，如果真的接触过外星文明，是不太可能在相关资料中找不到任何记载的。

虽然科学家历来对古埃及文明的研究都不遗余力，但所知依然有限。在世界历史中，不少远古民族在发展语言和文字之初，均以壁画记载历史或表达某些经文。出现在庙宇中的浮雕，可能不过是古埃及人用以记载某一件事或表达某一种意思而已。

当然，以今日的角度而言，这些庙宇浮雕与今日的飞机形状相似，不过在3000年前，即使外星文明曾经降临过古埃及，当时的人亦未必有直升机和潜艇这些概念。也许古埃及庙宇的浮雕，就好像其他的寓言一样，只是后人将历史穿凿附会加诸其上。

很难断定3000年前的古埃及人是否看过直升机、潜艇或其他飞行物体，但即使外星人真的降临过，亦不可能产生出这种概念。这些壁画可能只是一种当地语言或图像，不能抹杀的是，近代人也可以想出不少先进或超现实的意念，慢慢也真的逐步成形。可以想见，拥有高度文明的古埃及人，亦会出现相同的情况。

无独有偶，在神秘的埃及大地上，还发现了另一个让人震惊的事实，即古墓里的长明电灯和远古彩色电视机。

在古埃及的金字塔建筑群中，规模最大、最高的一座是距今有4600年，在开罗近郊吉萨建造的古王国时期第四王朝法老胡夫的陵墓。古希腊人称其为奇妙普斯的金字塔。该金字塔内部结构极为复杂和神奇，里面装饰着雕刻、绘画等艺术珍品。

首先让人感到奇怪的是，在漆黑不见五指的墓室和甬道里，这些精致

△ 埃及阿布辛贝神庙

的艺术作品是靠什么光线的照明才进行雕刻和绘画的呢？假如让我们猜想的话，在远古时代中火把或油灯一定是自然而然的照明用具了，但是当时如果真的是使用火把或油灯，那么在里面一定会留下一点"用火"的痕迹。

经过科学家用世界上最先进的、能够精确分析出每一粒灰尘的百万分之一化学成分的现代化仪器的分析，得到了这样一个不可思议的结果，即在墓室和甬道积存了4600多年之久的灰尘经全面细致和科学化验的分析，竟没有发现一丝一毫使用过火把和油灯的痕迹。难道，给古埃及的艺术家们提供照明的根本不是火把和油灯，而是另外某种特殊的能够发出足够光亮的电气装置和照明设备吗，距今4000多年前的古埃及人竟知道现代电灯照明的原理吗？

黄山脚下花山 36 石窟为何开凿

黄山因奇松、怪石、温泉、云海"四绝"而闻名海内外。如今，黄山脚下新安江畔的花山谜窟又引起人们的关注。

黄山脚下屯溪东郊的新安江畔，有一片高不过一二百米的连绵小山，被人称为"花山"。这里因古人巧夺天工开凿而成的怪异石窟而闻名遐迩。

与举世闻名的敦煌石窟相比，花山谜窟洞内没有壁画，没有佛像，也没有文字，更无任何史料记载，就是在当地的民间传说中也难寻其踪影。但花山石窟点多面广，形态殊异，"规模之恢弘，气势之壮观，分布之密集，特色之鲜明，国内罕见，堪称中华一绝"，被誉为"北纬30°神秘线上的第九大奇观"。

石窟具有丰富独特的历史研究及观赏价值，35号石窟宏伟雄浑，2号石窟曲回通幽，24柱洞奇幻神秘，姐妹胭脂洞色彩明丽……花山石窟群这一令现代人为之震惊的人类石文化遗产，被誉为一座古徽州石文化历史博物院，被人称为"花山谜窟"。这一"谜"可谓是千古之谜，而这"窟"又可称得上是惊世骇俗的古建筑工程奇观。

花山谜窟已发现36个石窟，其中34个在山之腹地，2个在新安江近水底下。这些石窟分布线近5000米长，其间跨越的山岳除花山之外，还有石林山、营排山、石壁营、马头山、阳笠山等环溪山峦。另外在烟村也发现多处石窟，如此浩大石窟群，更让人猜想不透。

综合专家学者的见解，花山谜窟有以下几大特色：首先，花山谜窟是古代的石文化建筑遗产，而不是近现代的人造景观；其次，花山谜窟是完全由人工开凿而成的石窟，而不是天然的溶洞；再次，花山谜窟是庞大的石窟群（已探明的有36个），而不是少数几个；第四，花山谜窟是留有精美图案石

△ 花山36石窟

纹凿痕的历史文化遗迹，而不是粗放型的废弃石场；第五，花山谜窟是至今仍未发现任何文字记载的谜团众多的谜窟，而不是一览无余的石洞；第六，花山谜窟是北纬30° 神秘线区域的又一世界奇观，而且是此神秘线上唯一一处古石窟遗迹。

花山谜窟如此巨大的石窟建筑工程全系古代人工所建，着实令人不可思议，让前来观光旅游的人充满了猜想。至于这些石窟源于何时，如何形成，何人开凿，数以百万方石料到底去了何处，如何开采和运输？这些问题至今仍是一个个不解之谜。

如此庞大的工程为何史书没有记载？花山谜窟凿痕说明什么……据一直致力于花山谜窟研究的人士介绍，大小谜团目前至少已经有50个，每开发一次，挖掘一点，就有新的疑问和谜团出现。

更让人不可思议的是，花山有石窟36个，而在其东侧延长线的歙县炯村方圆400万平方米的200多座小山包中也发现了类似的石窟36处。

花山谜窟谜团众多，带来了各种猜想，目前仅就为什么开凿如此大规模的石窟，比较成熟的猜想就有20多种，且还在增加，这也为花山谜窟增添了更多神秘色彩。

越王勾践伐吴的秘密战备基地说，是目前对石窟形成时代最悠久的一种猜想。公元前494年至前473年，越王勾践"十年生聚，十年教训"。《史记》载，伐吴越军总数为49000人，全在外秘密训练而成。

屯兵说。据《新安志》载，东汉时期，孙权为铲除黝、歙等地山越人，派大将贺齐屯兵于溪水之上，后改新安江上游这些水域为"屯溪"。这也似乎印证了花山谜窟是贺齐屯兵和储备兵器弹药的地方。

采石场说，是最普通的一种用途说。徽州留有许多做工精巧的古民居、古桥、古道，还有渔梁水坝等古老水利工程，花山谜窟恰处于新安江边，大量石料是否通过新安江而运输到徽州各地作为建材？

徽商囤盐说，是指这些石窟由于屯放盐等大量的货物需要而开凿的。自古以来，徽商的足迹遍及天下，其中尤以明、清朝代的盐商更为出名，而古徽州的对外运输渠道即为新安江，石窟为徽商的仓库。

功能转化说，认为这些石窟并非某一朝代某一时期一次性完成的，而是在漫长的历史中不断开凿而成的，最初可能是为采石，但后来人们又将它用作避难、屯兵、储粮等用途。这种假说可以解释同一石窟中石纹凿痕不同、花纹图案不同的现象。

环保巢居说，"北方有窑洞，南方有石窟"，这是中国先人在人居环境上追求朴素环保理念的两大发明。一个掘土坡为房，一个凿石山为屋，不占肥田沃土，不破坏山坡山形，不毁坏山坡植被，营造出冬暖夏凉的栖息地。石窟内有房、有走廊、有石桥、有厅堂，有石水池、石水窖等，具备人类生存的基本条件。

此外，还有皇陵说、花石冈说、晋代说、临安造殿说、方腊洞说、九黎氏部落说、青铜器工具说等。猜想多多，言之凿凿，皆因花山谜窟毫无史料记载而难成定论，花山谜窟依然是串串难解之谜。

壮丽的南美洲地面巨画是何时何人所为

在热带丛林掩映着的南美洲地区，至今仍有许多数不清的谜等待人们去破译。随着科学的进步，具有探索精神的科学工作者开始致力于揭示这片大陆里所隐藏的秘密。纳斯卡荒原上的巨型图案、毕斯柯湾的神秘"三叉戟"图案就是这样的不解之谜。

如果你乘坐飞机从巴尔帕的北边至纳斯卡南边的60公里的狭长地带飞行，从飞机上向下望，便可以发现许多神秘的线条。它们绵延数千米，有时交错，有时平行，构成三角形、长方形、半圆形等几何图形，此外还能看到巨大的动物轮廓。它们都是用明亮的石块镶嵌出来的，其中有极长的鳄鱼、卷尾的猴子以及一些地球上从来没有见过的奇异动物形状。

更为奇特的是，当登上附近的小山，旭日东升的时候，巨画的线条十分清晰，而太阳升至中天时，巨画则随光线角度变化而消失！

南美曾经是古代印加人的帝国，这里有灿烂的文明，同时也有非人力所能及、无法解释的遗迹。这里的许多庞大的遗迹必须要在空中才能观看其全貌，的确是一个令人迷惑的谜团。

纳斯卡遗迹位于秘鲁纳斯卡和帕尔帕市之间的山谷和附近的一片高地上。这座山谷长60公里，宽2公里。

纳斯卡遗迹中最引人注目的是巨大的机场图案，这些跑道被一些巨大的之字形曲线截断。在4条主要跑道的交汇点，还有一个由许多同心圆构成的方位标志，标明第五条斜伸出去的跑道，该跑道两侧还有两条不太明显的平行跑道，很像大型机场的辅助跑道。那些石头路标则很像飞机起降时的地面航标。据测定，纳斯卡的地面跑道其中一条长1700米，宽50米；另一条跑道则构成1500米长的二面角平分面，它们坐落在机场的理想地点，即一片相对平坦的干旱高地，地面到处是坚硬的石头，能够承载质量最大的飞机降落；而四周没有植被，又不会妨碍导航和驾驶员的操作；机场的供水由今天已经干涸的纳斯卡河解决；主要跑道无明显的坎坷；周围没有高山与岗峦，不会给飞机降落造成危险，跑道本身也不易损坏，没有检修的麻烦。当然，这些都是现代人的猜想。

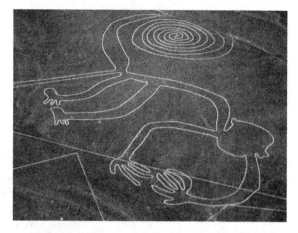

△ 纳斯卡巨画

长度在1～10公里的巨型"跑道"，跑道完全笔直，科学家们的测量结果表明，8000米长的跑道直线偏差只有1～2厘米。所有跑道两端都突然中断，仿佛被一柄巨大的斧头砍断一样。许多跑道的一端通向悬崖或深渊顶上，这使得有些人认为它是道路。有些跑道的中途还发现了石头路标的残片，它们每隔1.5米等距离地排在跑道一侧，同时在几条跑道的交叉点上，构成一个与美国肯尼迪航天中心发射场极其相似的平面。作为现代机场的特点全都表现在这些巨大的图案中。

而考古学家则认为，这些图案大约是2000年前由纳斯卡人勾画的。但是这些巨大的图画是怎样完成的？由于它们的面积异常庞大，只有在800米的高空才能窥其全貌。可是当地周围既无高山也无丘陵，作者们不可能根据事先画好的图纸，按详细的尺寸在地面上进行放大。因为那里的地形非常不规则，如果采用放大的方法，就需要借助遥测仪、经纬仪和其他现代测量仪器才能准确地勾出轮廓。

勤于思索的人们总是会问：是谁制作了这些图案？制作者为什么能准确确定出线条的宽度和深度，从而使它们出现随太阳升起而变化的神奇效应，为什么要画这些图案，为什么要把它们绘制得如此巨大，如此栩栩如生？而且只能从一定的高度——飞机或高山上，才能获知图案的全貌呢？

△ 纳斯卡巨画

有人认为，巨大的图案是在高空进行协调指挥才得以完成的。美国探险家斯皮里尔持这种观点。他猜测印第安人乘坐了热气球飞上天空，才设计出地面上的图案的。他猜测的依据是，古代纳斯卡人的陶器上常常有形如气球或风筝的图案，气球和风筝看起来飞得很高，尾部在飘扬。另外，在图案附近的坟墓里挖出了工艺精巧的纳斯卡编织品，这种编织品甚至比近代用来制造热气球的合成材料还要轻，经过实验证明，它比用来制造降落伞的材料织得还要细密。在中、南美洲的许多印第安人部落，自古就有一种习俗，每当宗教庆典结束时都要放一些小热气球。斯皮里尔还了解到印第安人中印加人的故事，说是在战争中，有一个印加少年曾在敌人的阵地上空进行侦察飞行。经过以上的推断，他相信自己的说法站得住脚。另外，纳斯卡图案的许多直线末端的大圆阵内都有熏黑了的石头，从多次试验中可知，黑石头可能是因为准备大气球升空点火时熏黑的。在当地的居民中流传的神话中，他们的第一个王朝建立者芒戈盖拉和他的妻子来自天上，死后又要被送回天上，载运他们尸体的气球在太阳的照耀下越升越高……

　　1975年，斯皮里尔与一些同事为了检验自己的推断，用推想中纳斯卡人所用的材料和技术制造了一个气球，命名为"秃鹰1号"，然后由两名驾驶员蹲在一个芦苇造的吊篮里升上纳斯卡荒漠的高空。气球刚升到200米的高度，便遇上一股猛烈的气流，气球一下子被卷到地上。斯皮里尔又进行了第二次试飞，为了安全起见，气球没有载人。气球升空顺利，升到400米的高度，并在18分钟里飞行了14公里。"秃鹰1号"的飞行壮举，似乎证明了那些图案可能是利用空中的气球设计而成的，问题看来似乎解决了。

　　但是，"秃鹰1号"气球充的是丁烷气，不能够飞行很长时间，并且不能在空中停留。据估计，地面上的图案可能是有人长时间呆在500～1500米以上的高空指挥画出来的。飞行器要固定在空中的某个点上，以便能够对坐标进行精确的计算。这样的操作不可能在一个气球或风筝上完成，因为两者都不可能"系留"（任何拴系的绳索都经受不住）在空中，也不可能进行定点（当地经常突然刮起强风）。任何气球都不可能逆风飞行，不可能经常不断地、轻而易举地上升和下降，也不可能长时间停留在空中。因此，在风暴频繁出没的纳斯卡地区上空，如果气球停留时间过长就会发生事故，只有装有发动机和舵柄的飞行器才能完成此项任务。

　　退一步讲，假使气球解决了上述的全部问题，也还有两点是无法解释的：一是他们进行测量时使用的器具；二是在强风的呼啸中，如何向远在几百米的地面上的人传达方位坐标并指挥人们行动呢？

　　如何完成巨大图案是一个疑问，这些图案的用途也是一个疑问。可以肯定的是：这些图案不是为了装饰地面，也不是陶制品图案的简单放大复制。有人说这些图案是当时人们制造的"农历"，但这样的"农历"真是太大了，在需要查阅时只得采用繁琐的办法，冒着生命危险。乘坐气球升到几百米高的天空，而天空是危险的，可能会随时跌到地面粉身碎骨，或被飓风吹到海洋中去，这无疑是一种疯狂的行为。

　　关于纳斯卡图案的真正用途，数十年来，许多考古学家和勇于探索的人绞尽脑汁不断地思索和假设，以期得到合乎情理的结论，其中最早的是美国农学教授库苏克博士及德国著名物理学家、天文学家玛丽亚·拉雅赫。

　　库苏克博士发现，尽管每年这片土地上种植的农作物都不一样，但图案的形状却总是保持不变。于是他联想到，纳斯卡图案是否是世界上最伟大的日历，让生活在当地的古人们能依据它按时节播种庄稼？玛丽亚·拉贬赫承担了实践证明的任务。1968年，她邀请美国著名天文学家侯坎兹教授与她合作。侯坎兹教授利用电子仪器，在玛丽亚的协助和引导下经研究发现，这些巨型图案像是一个完整的天文历，用以记叙该地区的日月星辰的活动情况。

后来经反复验证，结果却让人大跌眼镜，即巨型图案与天文没有任何联系，所谓日月星辰活动时辰的记录只不过是部分的巧合。假如说图案是为农业服务的日历，但是这样的历法在地面上看不清楚，要看的话需要付出登高的风险甚至需要付出生命，制作这样的日历真是疯子所为，而且它所表达的星辰位置与人们猜想其所指的星座在很多方面并不相符。

关于上述种种神秘图案，考古和天文学家们仁者见仁，智者见智。有人说是为宗教需要而作，有人认为是古人体育活动的场所，还有人坚持认为是古代天文日志，可是都没有有力的证据加以证实。于是，随着人们对宇宙认识的逐渐扩大，一些科学家根据当地流传的一些历史传说，大胆地将这些神秘图案同外星人联系起来。

瑞士人丹尼肯作了大胆的推测。丹尼肯认为，直线的观念是由地球以外的来客留给印第安人的，这些外来客所乘的飞船留下了许多轨迹，启发了上述人的想象力。丹尼肯又指出，最早的轨迹是由一艘天外飞行器借着高压空气降落地面造成的，高压空气又把沙石吹掉。其他轨迹则是飞船每次离开造成的。印第安人看到的这两种图案，是飞船降落和起飞的轨迹，他们为了表示尊敬那些天上来的"冒火的神"，就开始勾画又长又直的图案，并加以保护和崇敬。

融合历史传说后，故事是这样的：在过去的某一个时期，一群来历不明的智慧生物，在今天纳斯卡城近郊的一块无人居住的荒原上登陆，并为他们的宇宙飞船在那里开辟了一个临时机场，设计了一些着陆标记。在这以后，他们以此作为栖息的地点和飞船来往的标志。不久，他们完成使命离开了地球回到自己的住地，只留下了这些巨型图案。

考古学家们以此推测，如果纳斯卡荒原是天外飞行器的着陆点，那么周围一定有登陆标志才对。果然，在距此约160公里的毕斯柯湾，人们发现了一个人工建造的高约250米的红包岩壁。岩壁上雕刻着一个巨大的"三叉戟"形状的图案，三叉戟的每一叉约4米宽，而且用像花岗石一样硬的雪白磷光性石块雕成。如不被沙土所覆盖，它将发出耀眼的光芒，并且三叉戟的方向是朝天的，作为航空标志的特征十分明显。

于是考古学家们更近一步推测，"三叉戟"既是航空标志，纳斯卡荒原是登陆点，那么纳斯卡荒原南部也应该有一些指标才符合常理。玻利维亚和智利的发现证实了这一推测。距纳斯卡402公里的玻利维亚英伦道镇发现了许多巨大的指标。在智利法格斯塔省的山区及沙漠中也陆续找到了类似的东西。在许多地方，直角形、箭矢形、扶梯形的图案随处可见，而在同一平面的整个区域内，有光芒四射

△ 纳斯卡巨画

的圆周和长方形、棋盘形状和椭圆形图案等。在人迹罕至的泰拉帕卡尔沙漠中，更有一幅极大的机器人图案。这幅机器人图案高约70米，长方形的头颅上，有12根一样长的天线般的东西竖直着，从臀部至大腿间，有像超音速战斗机那种精短的翅膀一样的三角鳍连在身体两边。这幅图案距纳斯卡荒原约800公里。

如果外星人果真存在且到过地球的话，上述推论无疑最具逻辑合理性，可是至今为止，谁又能充分证实外星人的存在呢？

巨画之谜。期待你我他，更期待时间来解开它的奥秘。

在北京西山八大处灵光寺舍利塔里，供奉着一颗为世界佛教界尊崇的圣物——舍利，它装盛在一座重153千克、镶有861颗珍珠和宝石的金质宝塔里。

舍利，是佛教创始人释迦牟尼的牙齿。据佛教史籍记载，释迦牟尼圆寂火化后，全身都变成细颗粒状舍利。北京石景山雷音洞发现的两颗佛骨舍利，状如黍米，呈白色，经考证，确认为释迦牟尼遗骨。陕西扶风县法门寺也发现释迦牟尼佛指舍利。这两个发现，在中国和世界佛教史上都具有重要意义，引起中外学术界的注目。

说起灵光寺的舍利，传说是佛陀如来灭荼毗后遗留人间的4颗牙齿之一。自传入中国后，却经历了种种曲折和惊险。说话南北朝时，建康（今南京市）有一个僧人名叫法献（4247~498），他受了东晋高僧法献、智猛西游圣地天竺（今印度）礼佛求法的影响，从小就立志要舍身西行观圣迹。公元475年，法献从建康出发，一路上风餐露宿，忍饥挨冻，越过荒原，横穿沙漠，好不容易走到了于阗（今新疆于田县），由于道路受阻，不得不停止西行。在返回途经芮芮（古国名，好柔然，在今鄂尔浑河和土拉河流一带）时，竟意外地得到了一颗舍利。据说这颗牙原来在乌缠国（古国名，今印度奥里萨邦北部一带），后传到芮芮。法献手捧舍利，如获至宝，心想这次西行虽未能到达圣地，但能得佛祖的佛牙，也算不虚此行了。他将佛牙带回建康，秘不示人长达15年之久，法献临死前，才将舍利献出，置于上定林寺舍利阁，广受四方佛徒朝拜。

不久，这颗舍利竟遭浩劫，梁武帝普通三年（522年）正月的一个夜晚，忽有一伙穷凶极恶强人，明火执仗，以搜寻家奴为借口，强行敲开上定林寺门，闯入舍利阁，将舍利抢掠而去，舍利一时下落不明。

过了35年，即陈武帝永定元年（557年），陈霸先宣布找到这颗舍利，并隆重举行无遮大会（佛教布施僧俗的大斋会），陈霸先亲自出阙向佛牙朝拜。原来这颗佛牙不知何时落入摄山庆云寺沙门慧兴手中，慧兴死前，将佛

△ 1987年，法门寺地宫被打开，发掘出著名的佛祖真身指骨舍利

牙交其弟子慧志保存，慧志遂将佛牙献给了陈霸先。在隋灭陈后，佛牙又从建康经扬州转到长安（今西安市），置于禅定寺。

到了唐朝，佛教在统治阶级的大力提倡下更加盛行，佛牙受到空前的尊崇。唐德宗贞元十年（794年），特地新修大庄严寺释迦牟尼舍利宝塔，将舍利供奉其中，一时香火鼎盛，各地佛徒无不前来顶礼膜拜，佛牙更加声名大振。大中七年（853年），唐宣宗李忱亲自到庄严寺朝拜这颗舍利，成为轰动一时的盛世。广明元年（880年），黄巢起义爆发，唐僖宗仓皇逃出长安时，舍不得丢下这颗舍利，又将它带到了四川。后唐时落入成都人孟知祥（即后蜀的创建者）手里。当后唐明宗李嗣源生日时，孟知祥特派5位僧人将舍利献上，舍利又从四川转到洛阳。

后晋天福三年（938年），洛阳左右街僧录可肇等人又将舍利携至汴京（今河南开封）。后晋开运三年（946年），契丹攻下汴京，又将舍利劫至南定（今河北正定）。后落入北汉僧人善慧手中，当时北汉和辽交好而与后周、北宋为敌。北汉天会七年（963年），在北宋多次讨伐北汉的情况下，善慧将此舍利又携至辽京城燕京（今北京）。辽道宗成雍七年（1071年），辽宰相耶律仁先的母亲燕国太夫人郑氏特地在北京西山翠微寺建造了一座13层高的

八棱塔——招仙塔，将这颗舍利供奉其中。这颗舍利在招仙塔里安然度过了830多年，不料又险些遭毁灭之灾。

1900年，帝国主义"八国联军"侵犯北京时，炮火将这座古塔轰毁。邻近的灵光寺僧人在整理宝塔瓦砾时，从塔基下挖出一石函，函中有沉香木匣，匣的内外有善慧手题的"释迦佛灵牙舍利"、"天会7年4月23日"等字样和梵文经咒，匣内有舍利一颗。原来当初建塔时，是将舍利深藏在塔基之下，故得以安然无恙。此后，舍利一直供养在灵光寺舍利塔里。

这颗舍利自传入中国后，历经十余朝，辗转了大半个中周，其间或隐或现，历遭厄运，渡尽劫波。新中国成立后，这颗舍利受到了政府的保护和妥善安置。1955年，中国佛教协会将佛牙迎到广济寺舍利阁供养，1957年在西山原招仙塔旧址重新建起13层舍利塔，将舍利供奉其中。1955年，缅甸佛教代表团专程来中国迎奉佛牙，受到周恩来总理的热情接待和大力支持。周总理在欢迎宴会上说："缅甸联邦佛教代表团这次到中国来的使命是迎奉佛牙到缅甸去，供缅甸人瞻仰，中国政府和中国人民十分愿意我们的缅甸朋友完成迎奉佛牙到缅甸去的使命。"（《人民日报》1955年10月4日）舍利迎到缅甸后，安置在仰光和平塔旁吉祥石窟内，7个多月的时间里有100万人从缅甸全国各地来到仰光朝拜舍利。

必须说明，我国古代史籍记载的舍利故事，除了这一颗外，还有其他来历不明的十来颗，或真或假，或隐或现，都不可考了。舍利实物，除了这一颗外，也还有几颗，如我国佛教四大名山的山西五台山和四川峨眉山，均供奉有"佛牙"。五台山的"佛牙"，长5厘米，呈一圆锥形，安置在一个1尺来高的银质舍利塔里，据说它是民国年间果迦师朝谒印度时，当地僧人送的。但经专家们鉴定，发现这颗舍利原是用牛的下第三臼齿琢磨而成的，齿质毫无石化性质，纯粹是现代的牛牙；而峨眉山万年寺砖殿供奉的那颗"大舍利"，长约30厘米，宽约12厘米，据我国古脊椎动物学家杨教授的考察，认为那不过是几十万年前中国南方各地广布的哺乳动物剑齿象的一块牙化石；至于山西应县木塔供奉的"舍利"，据查原来是一块马牙化石。

前几年，我国的一些寺院相继出现"舍利子"半夜发光的奇迹。漆黑的

△ 法门寺地宫出土供奉佛祖释加牟尼真身佛指舍利的八重宝函

夜晚，寺院中的"舍利子"竟发出荧荧的磷光，或暗红，或淡紫，或浅黄，美丽而又诡异。一时间，善男信女纷纷前往瞻仰。

"舍利子"为什么会发光呢？笃信佛教的人认为，修行程度的高低、悟道是否彻底，决定其在佛教世界中等级的高低。释迦牟尼是佛，他是最先觉悟者，修行已经达到功德圆满的地步，他死后的遗骨自然会发出光华来。那么，功德圆满的人在圆寂以后一定会形成"舍利子"吗？佛经中没有提到，佛教徒当然也不会知道。因此，这种说法找不到科学上的道理，未免有点儿玄。

关于发光现象，另一些人则认为，"舍利子"发光是能量场在起作用。那些德高望重的高僧，他们在修行时善于吸收天地宇宙之间的活然正气，然后将这些精华吸收到体内，久而久之，就凝聚成一种储藏能量的结晶体。当人体火化以后，这些结晶体就留了下来，成为"舍利子"。而到了晚上，这些白天看不见的能量就会释放出来，形成奇特的发光现象。

但是，这种说法也有一个非常明显的缺陷，就是同样都通彻佛理的高僧为什么有的尸骨火化以后生成"舍利子"，有的尸骨火化以后却不能生成"舍利子"呢？

第三种说法似乎找得到科学上的道理，持有这种说法的人认为，不能光从能量角度去讨论这个问题。他们研究了一些"舍利子"，发现所谓"舍利子"的成分跟焙烧以后的胆结石或肾结石的成分很相似，因此"舍利子"很可能是焙烧以后的结石。那么，为什么高僧体内的结石特别多呢？他们认为，理由不外乎以下几点。

高僧的活动量较小，终日静坐参禅，食物大都以素食为主等。此外，高僧们的饮水也较少，因此他们的体内极易生成胆结石。可能你要问，人们一般认为常吃脂肪者易生胆结石，吃素的高僧为什么也易患此病呢？

这是因为，尽管高僧们严忌荤食，但因为活动少，所以会产生脂肪代谢紊乱的现象。况且，经常吃食糖和碳水化合物的人，虽然饭量较小，但仍会使体内的能量过剩，脂肪堆积，加上血液中胆固醇和甘油三脂的含量较多，就极易形成胆结石。

这些专家还认为，蔗糖进食过多，会抑制肝脏产生胆汁酸，使胆汁中胆汁酸和胆固醇的比例失调。如此一来，胆固醇就容易结石，生成胆结石。另外，高僧们一般都不吃早餐，长此以往，将不利于胆囊收缩排出隔夜的胆汁，胆囊内的胆汁过分浓缩时就容易形成胆结石。

研究者们还发现，高僧们虽然不食荤，但他们的饮食十分精细，大量食用含钙较多的豆制品。此时，如果再食用菠菜、竹笋等含草酸较多的蔬菜，就很容易形成含草酸钙的肾结石。

然而，"舍利子"是结石的说法也有缺点，因为它不能解释一些身体赢瘦的高僧死后，在尸骨火化时，"舍利子"的数量和体积常常超过肥胖高僧。因为既然肥胖者容易生成胆结石，那么为什么他们的尸骨中"舍利子"的数目反而少、体积反而小呢？还有，结石一般都不会发光，而"舍利子"在无光照射时，它本身会发出光芒，这一点用"结石说"显然是无法解释的。

围绕"舍利子"的这场争论，结果到底如何目前还无法预料。不过，人们普遍感兴趣的不光是争论结果，而是争论本身。

"斯芬克斯"究竟何时诞生

埃及人很崇拜狮子，他们认为狮子是力量的化身，因此古埃及的法老把狮身人面像放在他们的墓穴外面作为守护神。著名的狮身人面像位于开罗市西的吉萨区，在卡夫拉金字塔的南面，距胡夫金字塔约350米。斯芬克斯狮身人面像是世界上最大的狮身人面像，石像脸长达5米，头戴奈姆斯皇冠，额头上刻着"库伯拉"圣蛇浮雕，下颌雕有象征帝王威严的长须，在阿拉伯文中，它被称为"恐惧之神"，象征着君主的威严与权力。

关于斯芬克斯石像的出现时期在学术界也有很多种说法，至今不能得到统一，于是斯芬克斯的谜依然存在着，不同的只是谜的内容从人换成了石像而已。

斯芬克斯是传说中的恶魔，以关于人的谜语为难题吞食掉了许多人。当俄狄浦斯准确无误地回答出它的问题之后，它羞愧至极，觉得无颜再活在世上，于是跳崖自杀。当时的国王瑞翁为了让人们记住这个罪恶滔天的恶魔，便在斯芬克斯经常出没的地方，即今天狮身人面像所在之地，造了一座石质雕塑，流传保存至今成为文化珍宝。也许只是因为时代久远，于是就有了人们的种种想象和猜测，这些都不能用科学去考证。严谨的考古学界则有确切的研究行动，并一直认为狮身人面像修建于大约公元前2500年，处于古王国时代第4王朝的埃及法老卡夫拉统治时期，下令雕刻石像的就是卡夫拉而不是瑞翁，他要求按照自己的脸型雕刻，把狮身人面这一奇特而浩大的工程作为礼物送给后世的人们。这可能是因为狮身人面像与卡夫拉的容貌比较相近的缘故，所以有此猜想。但是也有反驳者认为，这完全不能证明石像就是卡夫拉自己建造的，因为他完全可以在自己统治的时期将石像进行修改，使之成为自己脸型的样式。

△ 狮身人面像

　　然而科学家们发现，狮身人面像比人们认为的年代可能要更早，甚至早一倍。波士顿大学的地质学家罗伯特·M·肖赫第一次从地质方面切入，对吉萨遗址进行了研究，结果表明，狮身人面像最初雕刻的时间比通常人们认为的要久远，因为这座石像裸露在外面，与周围的石灰石床岩受风化和侵蚀的时间要比人们认为的长得多。另外，狮身人面像和其他年代确凿的建筑物侵蚀程度有着显著的差异，这也表明了它们存在于时代之间的距离。

　　科学家们利用各种先进的仪器和方法对狮身人面像进行了研究，经过声波穿行速度等科技测试，他们惊奇地发现，狮身人面像的"尾部"是卡夫拉统治时期出现的，要比石像前面的部位和两边部位的壕沟年代晚一半以上的时间。也就是说早在卡夫拉修建狮身人面像之前，狮身人面像的头部就已经存在1000年了。这一发现使他们大为振奋，并且深信不疑，地质学家于1919年10月22日在圣地亚哥举行的美国地质学年会上提交了他们的研究报告：狮身人面像的实际修建时间是公元前7000～5000年之间。

　　然而考古学家们完全不能接受这样的研究结论，他们认为这与他们所了解的古埃及的情况完全不相符合。就他们所掌握的考古知识来看，在卡夫拉统治的几千年前，古埃及人根本不可能拥有建造这一巨型建筑物的技术，甚至也完全不可能有这种愿望的产生。狮身人面像的修建技术比已经确定年代的其他建筑物的技术已经先进很多，如果再将它的建造年代提前那将是不可思议的事情。如果承认地质学家的结论，那么几千年前，修建狮身人面像的不应该是古代埃及人，而只可能是另外的一群高级智慧生物，或者也只能是还不能确定到底存在与否的外星人。

　　宇宙学的研究者根据金字塔建筑群与天文现象的种种巧合神奇之处，以及金字塔内遗存的超前于现代的物品，推测金字塔是外星人在不同时期单独或帮助法老建造的。科学家以先进的仪器探测发现，狮身人面像之下也有类似金字塔内的秘密通道和密室。于是有人猜想斯芬克斯也是出自外星人之手，原本是作为宇航导向的标志，而后又被法老发现并占为已用。

　　斯芬克斯像雄伟壮观，它表情肃穆，凝视远方。当年土耳其人攻打埃及时，曾以斯芬克斯的鼻子和胡须做靶子打炮，被打掉的鼻子和胡须现存于伦敦的大英博物馆内。学术界的争论与猜测使斯芬克斯到现在为止仍扑朔迷离，它凝视远方的眼睛里充满了等待被理解的渴望，但是这个它到底出自谁手，来自哪个久远的年代，都没有准确的答案。期待研究者找到更能让大家信服的证据，拨开深藏在狮身人面像后面沉重而神秘的历史云雾，见到一个完整的、有着明确历史内涵的狮身人面像。

达·芬奇的创造力来源于他人吗

△ 达·芬奇自画像

意大利文艺复兴时代的伟大先驱列奥纳多·达·芬奇，是举世瞩目的旷世奇才。他才华横溢，知识广博，在许多领域都有建树。他不仅在绘画、雕塑等艺术领域取得了极为丰硕的成果，而且在物理、数学、解剖、地质、天文和建筑、工程制造方面都有很高的造诣，在这些学科领域中他无愧于"杰出创造者"的称号。就是现代科学家也十分惊讶于达·芬奇的精深的知识结构以及惊人的天赋，因为人们几乎不能相信上天会慷慨地把盖世奇才和美德完全地赋予一个凡人，而天才达·芬奇却能集这两者于一身。他为何如此幸运地得到上苍的青睐呢？至今仍是一个难解之谜。

欧洲一些专家学者近年来广泛而认真地研究了达·芬奇的生平，企图从中找到一些奥秘。有人用计算机分析了他一生的成果，结果令人们大吃一惊，若要完成他全部的绘画、雕塑、研究和各种发明等工作，就算一刻不停地做，需要的时间至少也是74年。这对他来说，简直不可能，因为他只活了67年。

人们从达·芬奇的生平中，还能隐约感觉到某种神秘之处。他一无家庭，二无亲友，终其一生都在躲避着那些被他称为"多嘴的动物"的女人。他隐秘的生活使他从事的事业非常机密。这更使专家们感到怀疑，达·芬奇可能是得到了神秘人物的帮助。否则，一个人的精力是有限的，如何能取得如此大的成就？

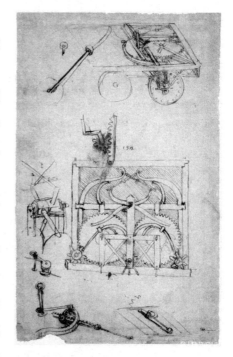

△ 达·芬奇手稿

达·芬奇的社交圈很狭小，这就使人们很容易对达·芬奇唯一的仆人托马兹·玛奇尼产生兴趣。托马兹·玛奇尼是一个时刻跟随在达·芬奇左右的人，他是一位面目慈祥、体格强壮并有一双智慧之目的中年术士，阅历十分丰富，曾到过东方，受到过东方圣人和统治者的接见，还带回了大量的古阿拉伯和古埃及的书籍。据记载，他是一位出色的水力专家、雕刻家、机械师，同时对炼丹术和妖法极为热衷，只是因为他身份低微，故不为人们所知。有些学者从这些史料中得出结论托马兹·玛奇尼是达·芬奇的有力合作者。

大多数历史学家对上述的观点颇有微词。他们认为，托马兹·玛奇尼这个人物是人们臆造的，并非历史人物。

有些专家认为，达·芬奇可能是立足于古人的创造发明并对它们进行了再创造和改良而得到如此丰硕的成果的。他们指出，类似直升机的画，早在达·芬奇之前的佛来米派艺术家手稿中就已出现过，与达·芬奇后来的设计很相像。另外有记载表明，达·芬奇与东方祭司相交甚密，长期往来他可能从这些古代文明的传继者那儿，得到过许多人类知识的精华。

对达·芬奇一生的创造也有人表现出不以为然的态度。他们指出，达·芬奇的科学创造，都只是停留在构想阶段，与真正的科学发明有着本质的区别。但是，持这种观点的专家也不得不承认，达·芬奇是一个集崇高美德和天才智慧于一身的奇才。

莎士比亚是否真有其人

　　莎士比亚是世界文学史上最为重要的作家之一，在国际上甚至有人专门研究莎士比亚并形成了一门学问即"莎学"。但是，有人提出莎士比亚只是一个化名而已，他并不是真实存在的，这是怎么回事呢？

　　早在几个世纪以前，就有人提出了疑问，因为莎士比亚是世界上著名的伟大剧作家，他有很多作品为后人所传颂，但其生平不为人知之处仍有很多，况且他个人也没留下这类的文字。有关莎翁身世的材料极少，这就给莎士比亚蒙上了一层神秘的面纱。即使是在莎士比亚的女婿霍尔医生所写的日记中，也难以寻到其岳父是杰出剧作家的一点说明。让人感到奇怪的是，当时没有人明确地指出哪些作品是莎士比亚创作的，也没有人对莎士比亚的去世表现出关注之情，因为没有一个人根据当时的习俗为他的去世写过表达缅怀之情的哀诗。因此，就是像拜伦和狄更斯这样的大作家也对莎士比亚曾写过的那些杰作表示怀疑，狄更斯就曾经表示一定要揭开"莎士比亚真伪之谜"。

　　现在我们所知道的关于莎士比亚的生平只限于以下这些：莎士比亚是欧洲文艺复兴时期最杰出的戏剧家和伟大的诗人，他出生于英国埃文河畔斯特拉特福镇一个普通的商人家庭中。年仅21岁时，他就告别了父母，到外面去寻找生活的门路。他曾做过剧场的杂役，后来又靠个人学习成长为一名演员，并逐渐成了一名剧作家。莎士比亚一生中创作了154首十四行诗和2首长诗、37部戏剧，可以说是著作颇丰。除了他生前自己发表的两首长诗以外，莎氏的其他作品都是别人在他死后搜集整理成书的。

　　首先明确表示出怀疑的是美国作家德丽雅·佩肯，他指出："英国著名哲学家弗朗西斯·培根才是莎剧的真正作者。"他还列举出了自己的理由。

第一，莎士比亚生活于英国伊丽莎白执政的宗教、政治以及整个社会大动荡的时代，上流社会认为写剧演戏有伤风化，是一件可耻的事，但在牛津大学和剑桥大学的知识分子中，仍有不少学者在悄悄地排戏。可能是迫于当时社会的压力，为之撰写剧本的人就虚拟出了一个"莎士比亚"的笔名。在当时的知识分子中，培根才华超群，阅历丰富，理所当然是剧作者。

△ 莎士比亚画像

其二，莎剧内容博大精深，气势恢弘，涉及天文地理、异域风情、宫闱之事，而演员莎士比亚出身于一个普通的市民家庭，从来没上过大学。因此，莎士比亚不可能写出这样的剧本，说它出自才华横溢的培根之手才能说得通。

其三，将莎剧剧本（尤其是初版作品）和培根的笔记进行对比，可以发现二者有惊人的相似之处，这可以看作"莎剧系培根所著"的线索。

美国的文艺批评家卡尔文·霍夫曼于1955年提出了一个轰动一时的莎士比亚"新候选人"，他认为与莎氏同时代的杰出剧作家克利斯托弗·马洛才是莎剧的真正作者。霍夫曼认为1593年马洛假称自己受到迫害，离开英伦三岛，只身逃到欧洲大陆。他在以后的生活中以威廉·莎士比亚的笔名，不断地将他创作的一些戏剧作品寄回祖国，从而不断地在英国发表并搬上舞台。他的根据是与演员莎士比亚同样年龄的马洛是一个才华超群、阅历丰富的作家，毕业于剑桥大学，著名戏剧《汤姆兰大帝》就是他的作品。这位剧作家作品的文体、情节以及作品中塑造的人物和莎剧极其相像，据此卡尔文·霍夫曼断定这些剧本为马洛一人所创作。

还有学者认为，莎士比亚是伊丽莎白女王借用的名字，这个观点让人十分吃惊。莎士比亚第一本戏剧集是潘勃鲁克伯爵夫人出版的，而她正好又是伊丽莎白女王的亲信密友和遗嘱执行者。那些学者们认为女王知识渊博，智力超群，对人的情感具有极高的洞察力，是完全能够写出那样的杰作的。莎士比亚戏剧中不少主角的处境与女王都出奇的相像。女王能言善辩，词汇丰富，据统计，莎剧中的词汇也非常丰富，多达21000多个。女王在1603年去世以后，以莎士比亚为名发表的作品数量大为减少，在质量上也大打折扣，这些很有可能是女王早期的不成熟之作，而在她死后由别人收集出版的。

然而，和彻底驳倒各种各样的怀疑论者一样，要完全推翻莎士比亚的著作权也是极为困难的。到现在，绝大多数人仍坚持莎剧为莎翁创作的说法。

莎士比亚的作品是16～17世纪英国社会现实的深刻反映。莎氏博采欧洲文艺复兴时期的众家之长，大大丰富了自己的新文化思想，从而创作出了能够代表文艺复兴时期文学成就的作品。莎剧情节动人、语言优美、人物个性鲜明，给人们留下了深刻印象。由于其作品反映的是当时英国封建制度解体和资本主义兴起时的各种社会力量冲突的现实，因而其作品有"时代的灵魂"之称。众所周知，莎剧以其四大悲剧而著名，即《李尔王》、《麦克白》、《奥赛罗》和《哈姆雷特》，这也是奠定莎剧在世界文坛上崇高地位的力作。

正因如此，莎士比亚不仅仅是一个名字，更成为一个时代的化身，他代表了那个时代。因此，许多人不再去关心莎士比亚真伪的问题，但随着新技术不断运用于历史研究中，相信这个谜底一定会被揭开。

拉丁字母表是如何产生的

略微熟悉西方语言的人都知道，与中国的方块汉字不同，欧洲国家采用的是字母文字。而字母文字的基础则是拉丁字母表。拉丁字母表是罗马文明对世界文明进程的一项伟大贡献。自从字母表发明之后，罗马人得以把拉丁文化迅速通过书籍的形式普及到各个阶层民众，同时大大加速了罗马境内各地之间的交流和融合。更为重要的是，它不仅成为像意大利语、西班牙语、法语和罗马尼亚语等罗曼语族的基础，并且为英语、德语等日耳曼语族所承袭，一些斯拉夫语族的天主教各国，如捷克、波兰、克罗地亚等国家也利用它创造了自己的文字。

可是，如此重要的拉丁字母表是如何产生的呢？要回答这个问题，还是先了解一下字母文字的历史吧。我们现在知道，字母文字并不是世界上最早的文字，目前世界上公认的最早的文字有6种，分别是埃及的象形文字、中国的甲骨文字、克里特的线形文字、西亚的楔形文字、印度的哈拉巴文字和墨西哥的玛雅文字。这些文字都不是字母文字。学界普遍认为，字母文字的出现应当在这6种文字之后。至于字母文字的首创者，根据古希腊和古罗马文献的记载，有5个民族最有可能，分别是：腓尼基人、亚述人、埃及人、克里特人、希伯来人。而这些民族大多居住在东方，因此学者们普遍认为字母文字的产生，一定是受到了东方文化的熏陶。

人们已经基本上形成了一个共识：腓尼基人最有可能是最早发明字母文字的民族。字母表的出现可以追溯至公元前1400年左右，那时候，位于叙利亚海岸的乌加里特人发明了一种字母表，用的是30个楔形符号，但是并没有流传开来。到了公元前12世纪，腓尼基人参照埃及的象形文字，创造出用22个辅音字母表示的文字，这是最早的线形字母表。现代欧洲各国的字母差不多都来源于腓尼基字母。

考古学家在希腊地区的克诺索斯的一个墓穴里发现了公元前900年的腓尼基文字，这说明在古代腓尼基人和居住于爱琴海地区的希腊人有着一定的文化往来。据此学者们推断，在公元前9世纪中期，希腊商人在和腓尼基人的交往中学会了线形字母表，并最终发展为有24个字母的希腊字母表。

现在关键的问题是，希腊字母表是如何发展成为拉丁字母表的？对于这个问题，历来众说纷纭，现介绍几种典型的观点如下：

一种意见认为，希腊字母表在开始时就存在两个分支：东部和西部两个变体。这是由于当时各城邦之间的分割所造成的，后来变体再生出变体，于是大大小小的分支便有很多。而位于坎帕尼亚的库迈城的希腊字母表也是其中较大的一个分支。据考古学家发现，古时候的拉丁字母表只有20个字母（没有G，J，U，W，Y，Z），这与库迈城字母表是一致的，并且两者在形式上也很相似，于是人们就认为拉丁字母表直接借用了库迈城字母表。

还有一种意见认为，古希腊字母表的确存在许多分支，但是其中最大两个分支是西里尔字母表和艾特鲁斯坎字母表。西里尔字母表后来成为俄语、乌克兰语、保加利亚语等诸民族文字的基础，而艾特鲁斯坎字母表则发展成为拉丁字母表。罗马强大之后，首先从艾特鲁斯坎人那里借用了21个字母，后来又从其他分支里吸收了Y、Z，而当时并没有J、V，直到中世纪时才发明了这两个字母，当时就用I、U来代替书写，这颇同于中国古代的造字法"假借"，后来拉丁字母表又从罗曼语言中吸收了一个W，这样26个字母就齐全了。

另有人认为，每个字母的产生都经过一个复杂的过程，因此应该从每个字母的起源上来追寻拉丁字母表的产生，而不应该泛泛而谈。他们认为每个字母的最初起源是神秘的，至于字母表的第一个字母则显得更加神秘，几乎是无法得知的。如果仅从外观上判断，就不难描绘出字母A的演化过程：最初来源于古埃及人的牛头象形符号，发展为腓尼基人的V，希腊人始将它写成类似A的符号，至拉丁文才最后定形。但是这中间是如何具体转化的，就没有人可以知道了。事实上，每个字母在形成中，都浓缩了人类的文明进程，因此探求字母的源头，实际上是在探寻人类文明的源头，也是在谱写人类的心灵史。

文字起源何处

　　文字在本质上是人与人之间通过约定俗成的可见符号进行交流的媒介，是记录语言的书写符号系统。一般传统的文字缘起与发展说都认为：文字发展有4个阶段——图画文字、画谜文字、音节文字和字母文字。最古老的图画文字被古文字学家确认为出现于公元前3500年的美索布达米亚地区，它是由苏美尔的一个城邦基什创造的。当时刻在一块几英尺见方的大理石石碑上的两面，12个左右的图画清晰地表明了人们的记载意图。后来，当文字发展较为显著的时候，图画压在潮湿的泥土上就比画下来要容易得多了。削尖的、楔形形状的茎秆笔成为常见的书写工具，楔子形状的文字本身逐渐地被称之为由从拉丁语"楔形"或"楔子"而来的楔形文字。

△ 苏美尔人的泥板文书

　　专家们历来认为，"文明摇篮"和文字发源地是西亚一些文化地区。生活在美国的立陶宛女考古学家玛丽姬·吉姆布塔斯却提出了她自己不同的看法：在挖掘历史文物的过程中，她发现了一种可追溯到公元前7000～6000年的古代欧洲残存下来的文字符号。基于这一发现，世界上最古老的文明应该

△ 甲骨文

形成于从巴尔干中部和东部山脉到乌克兰西部，自多瑙河中游到亚得里亚海南部这一带地区。

沿着吉姆布塔斯的足迹，考古学家先后发掘出5个公元前5000年曾繁荣一时的古欧洲文化区遗址。这些人类最古老的文字因被发现于贝尔格莱德以东14千米的温察城，故认为苏美尔商人不但给巴尔干地区的居民运去了商品，还为他们提供了第一批文字。近20年来，由于确定绝对年代的技术不断得到改进，上述说法才开始受到冲击。借助于确定绝对年代法证明，温察文化的符号与古代苏美尔人的象形文字之间存有一个长达2000年的历史空隙。研究人员认识到，温察文字绝非是从外域输入的，而是"土生土长"形成的。他们在残存的陶土上找到200多个包括数字和度量衡在内的单个字符。

定居芬兰的德国语言学家、44岁的哈拉尔德·哈尔曼，从总体上观察和探讨语言文字史。普斯出版社出版的570页厚的著作《世界文字史》便是他献身于这一巨大工程的力作，也是迄今为止将所有文字体系集于一部考证极为详尽的珍贵文献。这位史前史专家在其著作中的叙述详加分析，理顺各种文字之间的横向关系；理由充分地修补它们之间短缺的环节；最后的结论是彻底否定了迄今为止被教科书一直采用的文字起源学说。

他认为，世界上最早的文字体系并非出自古苏美尔人之手。此前2000年，即公元前5300～3500年，古代欧洲一个文化区已经使用过一种文字，这种文字至今尚未破译，并且它的残迹历经数千年漫长岁月到如今才被发现。人类历史上首批文字应该属于宗教文字，因为所有写有文字的出土文物都是在宗教寺院和祭祀场所发现的。这清楚地表明，是神职人员最早试验用这种新颖的方法记载宗教礼仪、祭祖活动、殡葬仪式和丰收祭典的。他们一直严守其书写秘密，书写一向为宗教界人士所垄断，当然，神职人员并非轻而易举地便掌握了这种书写技艺。他们的祖先早在15000年前便在松脆的山崖上刻画过第一批带文字性质的连续图画。这种古欧洲刻画符号发生和发展时间大体相当于中国的仰韶时代。在当时，中国也有类似的刻画符号，也同样没有得到破译。而只有古苏美尔文字是破译了的。

宗教文字于公元前4000年中叶突然消失。当时来自南俄草原的另一支操印欧语的游牧部落野蛮侵入欧洲农民居住区。在其残酷统治下，欧洲再度陷入长达2000年之久的无文字时代。最近研究成果证明：并非所有古欧洲文字都在历史上消失了。古代欧洲宗教文字被毁1000多年之后，有人仍在白垩上潦草地刻过类似温察文化那样的女性偶像。人们还发现：公元前2000年的至今尚无法解读的克里特岛宗教文字"线条A（Linear'A）文字"尚留下60多个古欧洲单个符号。这说明有1／3的古欧洲文字不曾被历史淘汰掉，它们留到最后闪耀出价值的璀璨。

"文明摇篮"是欧洲，并非西亚地区。古代欧洲的神职人员早在古代苏美尔人使用文字前数千年就已经创造出人类历史上第一批文字——这是两位欧美考古学家提出的一种新见解。从给出的考证来看，他们是有一定道理的，但是文字如此古老的发展里程，我们不能够武断地去判断一个源远流长的事物开端是什么样子。所以关于文字起源新说是否有根据，还需要进一步的考证。

古代奇书异报之谜

世界上有些书报远远超出了人们一般的观念。中国古代的竹简书册姑且不说，世界上的书报不仅有特大的或特小的，或是特重的，而且有些书报是用非纸张特殊材料制成的；也有的书并不是教人以善，而是教人以恶，更有的书不是为了读，而是为了吃……奇书怪报真是无所不有。

黄金书。20世纪80年代，斯里兰一个考古小组在修复古庙时，曾发现了一本公元5世纪中叶的书，尽管在地下埋藏了15个世纪，但却保存得完好无损。原来书页是由纯金制成的，书中的内容相当简短，共有14页。

人皮书。在世界上，据已知的书，有的是用猪皮、羊皮和虎皮装订的图书封面，也有的用桦树皮、蛇皮和蜥蜴皮装订的。但是，竟有用人皮装订的图书。据调查发现，估计这种图书目前在世界上至少有百余册。

在人皮装订的图书中，最有名的一本，是法国著名的天文学家和诗人卡米尔·弗拉马利翁博士的《空中的土地》诗集。据说，当时曾有一位伯爵夫人非常喜欢这本诗集，于是她便在遗嘱里写道：当她死后，可将她肩上的皮剥下来，装订这本书。伯爵夫人辞世后，人们遵照她生前的意愿，便将她的肩皮削割下来，装订了这本诗集。而且又用法文在封皮上烫上这样一行字："遵照一位女士的心愿，用她的皮装订而成。"这本书原来一直被卡米尔博士收藏着，他死后，又被美国的一个藏书家购去，一直被世人当成了珍宝来收藏。

最大最重的书。在缅甸古城曼德勒的一个佛塔附近，珍藏着一部世界上最大最重的石书。石书的每一页都是由一整块重达两吨的大理石板制成的，共有73顷，占地面积达百公顷。石书上刻满了密密麻麻的2号字，其内容是佛教哲学。这部书由百余名石匠，花费了9年的时间才刻成了。谁要是想通读一遍，需用150天的工夫才能读完。

比针眼还小的书。日本印刷公司，利用最新电子技术，出版了一本名叫《花语》的超级微型书，其重量仅有0.0076克，全书共一百多页，仅指甲那么厚。还有一本更小的书，只有火柴头那么大。更为出奇的是，后来相继

△ 曼德勒石经院

又出版了一本能从针眼里穿过去的书。不过在购买这样的书时，还要附带一个高倍的放大镜，借助于它来帮忙，否则是无法阅读的。

最大和最小的报纸。在1771年，罗马出版的《每日必读》，是世界上最小的报纸，它只有巴掌那么大。然而在波士顿出版的《民族周刊》，却大得像被子那样出奇。

手帕报纸。西班牙一家报社，曾利用手帕出版《时事周刊》。在发刊词中写道："手帕可以抹眼泪，可以逗乐，可以在离别时挥舞，以示依依之情，所以手帕周刊应当人手一方。"这种周刊，读者看完内容之后，洗去字迹，就可以当作普通手帕使用。

能长出蔬菜的"书"。在20世纪80年代，日本曾出版了一本非常奇妙的"书"。在书页里能长出小黄瓜、小西红柿等20余种蔬菜。这种书是北海道札幌一家公司研制的，"书本"里就能长出人们爱吃的蔬菜来。到了成熟的时候，若是"黄瓜"书，就可收获50至70条；若是"西红柿"书，就能收获150至200个。据说，颇受顾客们的青睐。

诅咒书刊。英国有个署名为"愤怒的狮子"的人，曾花费了一年多的时间，走遍了英伦三岛，收集了英国从古至今咒骂人的话语数百条，最后编写了一本小册子，名叫《常用诅咒语》。作者竟大言不惭地道出写此书的两大

目的：一是为现实主义作家们的创作提供必要的"污言秽语"，使作品更富有"生活气息"；二是供热衷于"诅咒艺术"的小市民们"参考学习"。由于该书找不到出版单位，于是作者便赤膊上阵，自己动手刻印。据说此书的"初版"1000册，仅3天之内就"抢购一空"。

无独有偶，在法国南部的一些小城镇里，流传着一本名叫《文明诅咒法》的蓝皮小书。此书的作者反复重申：诅咒是一门"语言艺术"，要做到熟练运用并非易事。接着，作者竟不厌其烦地介绍了种种既能刺伤对方，又能使自己保持"口齿清洁"的"文明诅咒法"。

美国人更是有过之而不及，索性创办了一家名叫《诅咒》的刊物，专门刊登刻毒、尖辣骂人的话。据说，投稿者大有人在。然而，却受到一些正直人的非议。谁知主编却振振有词地解释道："君子动口不动手嘛，口头暴力总比大打出手文明。"但是，作者却忘记了一个真理：大打出手往往是由出言不逊引起的，诅咒的背后就是打架斗殴和厮杀。

自杀的书。据报道，英国的"自愿无痛苦死亡研究协会"，曾编写了一本有关最佳自杀方法的小册子，它指导人们如何用废气自杀和哪些药品有助于自杀；又说什么样的人要同时准备两种自杀方法，以防止其中一种方法不能奏效。当这本书编写完毕之后，未等到出版就遭到了各界人士的强烈反对。而且按照英国的法律条款，企图自杀和帮助他人自杀的行为，都要受到法律制裁。作者为了避免这种诉讼，只有打消公开出版的念头，而把这本小册子作为"内部发行"，散发给每个会员。

纷纭繁杂的世界，真是无奇不有。超出人们常规甚至与世俗观念相反的事物亦存在于客观世界之中。比如，就拿石碑来说吧，无论是墓碑、纪念碑、镇道碑等，一是都有相应的石刻文字；二多是纪念人事的石刻。然而在当今世界上，不仅有"无字碑"，而且还有许多动物纪念碑和人体器官纪念碑。

母狼纪念碑。在意大利罗马的卡皮托利丘上，有一座母狼的塑像。相传，当古希腊人攻破特洛伊城之后，该城的人们准备到别处去另建一座新城。他们的后裔经过长期的漂泊，终于在意大利定居下来，建立了阿尔·龙格城。该城的统治者努米托尔的外孙罗慕洛和烈姆这对孪生兄弟，从一出生就受到篡位叔祖父的迫害，竟被抛入台伯河中。但他俩大难不死，被水流冲到岸边。一只母狼听到婴儿的哭声后，就跑到河边，用奶喂活了他们。后来，又被一位牧人发现并

△ 罗马《母狼》雕像

将其带回家去养育成人。当兄弟俩得知自己的出生的秘密后，便愤然杀死了叔祖父，为外祖父夺回了王位，并决定在母狼给他们喂奶的地方建立一座新城。福兮祸所伏，不幸的是，这对孪生兄弟在为给新城命名的问题上发生了争执，罗慕洛杀死了烈姆，以自己名字的头几个字母作为城名，于是他便成了这座新城的第一个统治者。就这样，约在公元前754年建成了罗马城。为了感谢和纪念拯救罗马城奠基人生命的母狼，于是，人们便在卡皮托利丘上的神庙里立了一座母狼纪念碑，从此母狼也就成了该城的象征。后来，在公元15世纪，又在母狼身下增添了吃奶孩子的青铜像。

救援狗巴利纪念碑。在阿尔卑斯山脉海拔2000米以上的地区，冬季长达8～9个月，暴风雪常常封闭道路，使旅途中人遇难。为此，人们曾训练狗来救援迷路的人。在瑞士有一种名叫赤贝拿尔的长毛狗，嗅觉灵敏，高大强壮，几个世纪以来，这种狗共救活了数千人的性命。其中有一条名叫巴利的雄狗，曾救活过40个人，因此在法国、意大利和瑞士威名大震。谁知在救援第41人的时候，险些丧命。据说，在1812年，拿破仑军队在俄国败阵而逃的时候，其中一名士兵跌入雪坑，在奄奄一息之际，正巧巴利到此寻找遇难人。它不但把士兵从雪坑里拖出来，并用身体温暖着他冻僵的身体。那个士兵苏醒之后，在惊骇之中，向蓬毛大狗猛刺一刀，险些致死。后来，这只不

幸的狗，便身负重伤仓皇地逃回训练它的修道院，虽经治疗，但未复原状。1814年巴利死后，它的遗体被制成标本，存放在博物馆。1899年，人们又在巴黎立了一尊巴利纪念像：底座上是一条赤贝拿尔大狗，背上驮着一个紧抱狗脖子的小姑娘。碑座上的题词是：它救了40个人，被第41人杀死了。

在世界上一些国家里，还有许多其他动物纪念碑，诸如希腊罗得岛上的雌雄鹿纪念碑、日本本州岛上的天鹅纪念碑、俄罗斯圣彼得堡高尔基公园里的骆驼纪念碑、荷兰弗利斯兰省列兹瓦登市的奶牛纪念碑等。这些动物纪念碑说明了一个道理：凡是对人类有益的动物，都是人们的好朋友。尤其使人直接受益的动物，人们更会像对待人民英雄那样的尊敬它，爱戴它，永世不忘地纪念它。而且，它还告诉了人们一个这样的道理：即使最凶恶的动物也有善良的一方面，不过善与恶的显露，仅是时间和条件上的问题罢了。

更令人感到奇异的是，有的碑刻既不是纪念某些动物对人类的贡献，更不是对某个伟人或某个历史事件的纪念，而是对人体器官的颂扬。

在西班牙北部有一个名叫巴洛思的小城，于20个世纪80年代就落成了一座人体"肝脏纪念碑"。在庆祝碑刻揭幕典礼上，该城的市长和著名的医生，曾郑重其事地阐述了创立此碑的原因和意义：必须尊重肝脏，它任劳任怨，孜孜不倦地忘我劳作着，并连续不断地忍受着酒和油腻食物对其极大的折磨和损伤。如果人们目睹这个花岗石制作成的肝脏纪念碑后，就能明白应当爱护自己身体的道理，他作为市长和医生，将感到十分快慰。

人体器官纪念碑，是人类文明史上空前的创举，它的意义不只是为了标新立异，更重要的是通过这种奇异的方式，忠告世人要珍惜自己的生命，必须从身体上的每一个器官开始。而且，在弦外之音里还给世人这样一个启示：默默工作着的人们，是显赫一时人物的坚强后盾。所以，肝脏纪念碑充满了人生的哲理。

泥板文书如何制作

楔形文字是两河流域特有的产物，其书写材料、书写工具和书写技巧在世界上也是独一无二的，这与当地自然条件、地理环境都密切相关，两河流域木材稀少，但却有着得天独厚的两河冲积平原的泥土，苏美尔人那时还不懂得造纸的技术，他们就用黏土做成长方形的泥板，用芦苇或木棒削成三角形尖头在上面刻文字，然后把泥板晾干或者用火烤干。这就是后来人们所说的泥板文书。古代埃及时期，文字刚刚进入图画文字或

△ 苏美尔人的楔形文字

者画谜文字的时候，一般重要的文字典籍都会用到泥板文书来记载。因为这种书写材料比起纸草、羊皮纸、木材或者一些铁制、青铜等之类的书写材料来说，具有两大明显的优点：一是可以及时取用，并且造价低廉；二是坚固耐用、保存时间可以持久。一开始，苏美尔人的泥板是圆形或者角锥形的，不便于书写和存放，后来苏美尔人便将泥板改为方形的。苏美尔人的大部分文字材料都是刻在这种方形泥板上才得以保存下来的。到现在为止，人们在两河流域已经挖掘出了几十万块这样的泥板文书。由于苏美尔人用的是芦秆或木棒做成的、尖头呈三角形的"笔"，落笔处印痕较为深宽，提笔处较为细狭，后来人们就把两河流域的这种古文字称为"楔形文字"。楔形文字后来流传到亚洲西部的许多地方，丰富并促进了它们的文化以及它们之间的交

△ 泥板文书

流，为人类文明做出过重大的贡献。公元前2007年，苏美尔人的最后一个王朝衰亡之后，巴比伦王国把这份宝贵的文化遗产继承了过来，并且使之发扬光大。

经考古学家研究发现，泥板的制作过程是这样的：先把黏土使劲揉搓，根据需要做成大小不一的长方形状，并把棱角磨圆。一般是一面较为平坦，而另一面则要较为凸出。泥板做好后，就可以在上面书写了。书吏首先用细绳在上面画好格子，然后用芦苇笔或其他的书写工具在泥板上刻字或者画图。泥板的两面都可以刻字，但为了避免书写一面的时候把另一面擦掉，书写时通常要先刻平滑的一面，然后再把泥板翻过来，在凸出的另一面刻写。小的泥板可以拿在手上刻写，大的则把它放在特制的架子上。两面都写完之后，就把它晾干或烧制，经过晒干或火烤的泥板非常坚硬，印刻在上面的文字或图案可以长久保存。现在考古发掘的泥板最古老的已经有5000多年的历史，最近的也不会少于3000年的时间。泥板的书是没有办法去装订的，所以如果一块泥板写不下一篇文章，那么这几块泥板上都要有全书的标题和编号，而且下块泥板一般要重复上块泥板最后一行字，以便读者查寻。如《吉尔伽美什》史诗的开始是"关于见过的一切人"，这句话就成为全书的标题，这部史诗共写了12块泥板。这样的泥板文书，在尼尼微遗址就发掘到2万块以上，现在总共约发现几十万块，涉及政治、经济、文学、艺术等各个领域的内容。繁琐而且繁重，但是在当时来说，已经是很先进和很有水平的技术了。想成为一个泥板工人还需要不短时间的学习和锻炼。

泥板的保存与保密也别具特色，经过晒干和烘烤的泥板非常坚固耐用，可以保存很长久。但存放起来并不十分方便，如果拿我们现在用的约50页的32开本的文字量写在泥板上，就会有50千克的重量！因此，泥板的存放就完全不能像书籍一样。存放在图书馆里的文字版书，成套的泥板要用绳子捆起来，附上标示这些泥板各自内容的一个小型的泥板块，放在架子上或书库里。也有的用篮子或泥坛、泥罐存放。一些重要的文件或者需要保密的书信，则采用一种特殊的"信封泥板"来保存，即用另一块泥板盖在印有重要文件的泥板上，用软泥封住两块泥板的4边并盖上印章，在外部泥板的表面，往往刻有该文件的副本或内容概要。这种方法可以有效地防止泥板的意外损坏或者伪造和篡改。信件的保护也是这样，把写有信的泥板包上一层薄薄的黏土，收信人接到信后，只要把这层黏土去掉就可以读到信件的内容了，虽然剥落外层黏土的过程也许并不太轻松。

泥板文书的创制过程和中国制陶的过程有一些相似，人类的文明是如此奇妙的互相感应着的，泥板文书的创建展示了人类智慧的结晶，但是关于泥板文书的创制仍然有很多没有解开的谜团，如泥板文书的材料要如何调制？泥板文书在长久的保存过程里遇到水以后字体的扭曲会不会使释读有产生误解的可能？如果有，这问题又是如何解决的？历史的问题，还等待研究的智慧和时间的检验。

悬崖宫如何建成

　　1888年冬天，在美国科罗拉多州西南部高原上，两个牧民正在赶着牛群行走，突然被眼前的一片悬崖挡住了去路。他们定睛一看，原来那悬崖竟然是层层叠叠的房子，最前面还有一座巨大的"宫殿"呢。他们惊奇万分，这么蛮荒的地方怎么会出现这样多的房子呢？于是他们随口叫"悬崖宫"作为名字。

　　当然，发现"悬崖宫"的消息很快传遍全世界，一批批冒险家到这里探寻宝藏，致使许多珍贵文物遭到了破坏。1906年，美国国会被迫通过了保护悬崖遗址的法令，将其定名为"弗德台地国家公园"。1909年，最大的悬崖宫村落正式发掘，1979年，这里被联合国教科文组织列为"人类文化遗产"，予以保护。

　　这里是到处遍布悬崖绝壁的台地，地面上长着草，树木稀疏，很适于放牧。"弗德"就是"绿色"的意思。16世纪末，西班牙占领墨西哥后，侵入科罗拉多高原，称这里的印第安人为"普韦布洛人"。普韦布洛是西班牙语"村、镇"的意思。19世纪初，台地同科罗拉多州一同加入美国。

　　发现1300年前的弗德台地"普韦布洛人"村落遗址，迄今已经达到300多个，方圆达到210.7平方千米。几万人聚居在这个台地上，各村落之间相对独立，又由于彼此近在咫尺，既能互助互济，又可以共同对付强敌。每个村落就是一个家族的集体聚居地，外有土砖墙加以维护，内有多层成套住房和公共建筑。多层房仿照印第安人的原始祖先悬崖穴居的样式，逐层向上缩进，整幢房屋好像呈锯齿形的金字塔。下层房顶就成为上层的阳台。上下层之间有木梯，上层大部分房间与邻室有侧门相通，底层则是专供贮藏食物之用，也就不开侧门。在中心庭院有供集体使用的活动空地、祭祀房，地下还有两

△ 弗德台地国家公园

个礼堂（地穴）。

在哥伦布发现新大陆之后很长时间，人们关于美洲社会，仅仅知道这样的情况：在中美出现过玛雅文明、托尔特克文明、阿兹特克文明，在南美仅仅有印加文明，并且大多建立了农业王国。至于北美的印第安人，基本上被看做是不懂耕作、不会造房的野蛮部落。弗德台地的发现，改变了这种传统的偏见。

1909年，美国的考古学家发掘出了台地上最大的村落遗址，俗称梅萨维德"悬崖宫"。这座村落依傍崖壁而建，占地近1.4万平方米，据估计当年施工周期达50年。村落的布局十分紧凑，有许多方形、圆形的高楼，其内共有150间民房、23间地穴祭祀房间。著名的云杉大楼，也就是两个牧民见到的"悬崖宫"，因楼板是由云山板铺成而得名。该楼是3层楼，长达203米，宽为84米，地面有114间住房，地下还有8间祭祀房间，而其中最大的一间地穴祭祀房竟然足有7间住房那么大。云杉楼的北边有个"杯子房"，里面藏有430只彩陶杯子、盆子、饭碗之类，这里或许是祭器贮藏室。

村落的四周都是悬崖绝壁，即使野兽都难以攀登。在壁面有凿出的一个个的小洞，仅容许手指和脚趾插入进去。村民便是靠着这些小洞来攀爬崖宫、进出村落的。显然，这有对付外敌入侵的功用。村落周围还陆续发掘出蓄水灌田的水渠、水塘，编织篮筐的作坊，精美的陶器、玉器、骨器等。总之，村落处处闪烁着普韦布洛人的智慧和文明。

那么，普韦布洛人是以何为生，又是如何建造其悬崖宫的呢？

考古证明，早在公元初始时，西方称之为"编篮者"的北美印第安人就已经能编织篮筐，栽种玉米。这些人居住在洞穴或者土穴的圆形小屋里，过着频繁的迁徙生活。到了公元5～10世纪，这些"编篮者"居民制作陶器、种棉织布，还建造房屋。到了大约7世纪，他们进入弗德台地，12世纪前后达到全盛期。在那里，这些"编篮者"居民聚族而居，建立了规模宏大的"悬崖宫"部落，使外族不敢轻易靠近和进犯。当时的"编篮者"居民尚处于母系社会，部落长是女性，妇女掌管着祭祀大权，把持家政，专司制陶工艺。男人则从事农耕狩猎、编织和保卫村寨等活动。此外当时集市贸易兴起，已经实行物物交换了。

尽管西方殖民国家称这些居民为"普韦布洛"，"编篮者"也被称为"普韦布洛人"，但实际上他们有自己的族名：阿纳萨齐族。

但是几代人辛勤建造成的弗德台地大村落，后来为什么又被弃置了呢？这是到现在也没有搞清楚的谜团。目前，持自然灾害说的人最多。普韦布洛人在弗德台地上平平稳稳地度过了几百年，人口基本趋于饱和，地力负荷也近于极限。公元1276～1299年，这里发生了一场长达24年之久的大旱灾，水源枯竭。人们被迫忍痛放弃家园，向东逃荒到水源充足的地方去。从此"悬崖宫"大村落没落下去。

土质摩天楼不倒之谜

在面向阿拉伯海的也门东部，有一片干旱的哈达拉毛谷地，黄沙中隐伏着一簇白色的建筑物，就像沙漠中的海市蜃楼，由土垒成的摩天楼高耸入云，气度非凡。这就是被列入"世界人类文化遗产"的希巴姆土城。

△ 希巴姆土城

在谷地，高大的城墙围护着中世纪的土城。城内560多幢大楼高低错落，鳞次栉比，坐北朝南，蔚为奇观。楼房高者十几层，低者六七层，其中30座清真寺格外堂皇。4座宣礼塔居于全城制高点，不时传来祈祷声。美国纽约市中心的曼哈顿岛是世界上摩天楼最多的地方，沙漠中难得见到高楼，希巴姆因此享有"沙漠中的曼哈顿"的盛誉。

除了清真寺外，所有楼房的屋顶全部都无房檐，墙面直切，窗户朝里开，没有外部的阳台，也没有外部廊柱。用手触摸那厚厚的土，可以感觉到土的夯实。这些土楼都是生土坯建造的，外部涂以白灰浆，具体做法是：将泥土拌和骆菲草、谷壳，打造成型，风干而成泥砖，层层垒高。500多年来，无一倒塌，就像水泥建筑一样完好如初，真是令人难以置信。是什么原因使得希巴姆土质大楼能够经受住几百年的风风雨雨而没有损坏呢？科学家们也不得其解。

有人说，土质摩天楼不塌有赖于希巴姆人超群的建筑技艺。早在公元前

1020年，希巴姆已是一个鼎盛的小王国的中心。城市就是以萨巴王朝末代国王希巴姆的名字命名的。公元前2世纪，哈达拉毛的骆驼商队往返于巴比伦和谷地之间，希巴姆是个热闹的贸易城市。公元前6年，克尔苏王朝卡希耶国王在希巴姆建了行宫。

公元7世纪，穆罕默德创立伊斯兰教，哈达拉毛谷地是最早皈依的一个地区，因而出了许多传教士。这些宗教职业者跨过阿拉伯海和亚丁湾，到各国去传播《古兰经》，商人随之前往开展对外贸易。他们带回财富和先进的文化技术，在13世纪前后营建楼房。你建一幢4层楼，我建比你更高的6层楼，你建清真寺，我建宣礼塔，"摩天楼"蔚然成林。然而，建筑中最伤脑筋的是方圆百里内无石可采，人们只能就地取材，以泥代石垒楼。自然的限制、历史的误会，为人类留下了泥楼奇观。90％以上的希巴姆家庭都有海外关系，有外汇收入，并带回种种洋货使这座中世纪的土城充满现代气息。

但大多数人认为这一说法显然是不够的。只要注意一下当地的干旱气候和黏土质量，就可以看到人为因素并不是主要因素。这里终年基本无雨，就算有雨也是那种湿不了屋墙的毛毛小雨，最重要是年降水量和每次的降水量都非常低。兼之泥土极黏，与草筋凝固后如同混凝土块，风雨难以侵蚀泥屋，所以可安然屹立。

那么建造希巴姆城所用的黏土为何如此之黏呢？

希巴姆城附近的哈达拉毛谷地实际上是已经枯干的河床。2.5万年前，无数细流汇成大河，汹涌奔腾流过此地，遍布两岸的森林十分茂密。以后地球气候剧变，中东地区由湿润型转为干旱型，干涸的河床留下15千米宽的狭长谷地。干河谷土壤肥沃，又有地下潜泉，滋润着枣椰树林，成为沙漠中的绿洲，吸引着游牧部落来此定居。

土楼群还能屹立多少年？近年来谷地地下水位上升，直接威胁着地上土建筑的安全。联合国教科文组织已与也门政府合作，筹款组织维修加固，以阻止这人间奇迹毁在这代人手里。

内姆鲁特·达哥山上的王陵之谜

在中国，皇帝被称为"天子"，意为他的权力是上天赐予的。在西方，王权也总要和神灵联系在一起，连君王的死亡也会被抹上神圣的色彩。土耳其的内姆鲁特·达哥山就是表现人神共舞的一座陵墓遗址。

海拔2134米的内姆鲁特·达哥山位于土耳其南部安塔利亚省，距首都安卡拉约560千米，是科默金王国的国王安提俄克斯一世的陵墓。公元前69～34年，安提俄克斯国王一世希望死后埋在山顶上，于是下令将山顶扩大并加以修饰，在山顶上又建造了由石块堆砌起来的圆锥体人工山顶。把自己葬得这么高，只是为了尽可能靠近天上的御座。

△ 内姆鲁特山上的巨形人头像

他还下令在山顶上建一座非凡的含雕像、祭坛和墓地的建筑群以示自己与天神们的荣耀。可是经过2000多年的风风雨雨，神像的头部都已与身体分离，散落在周围。

安提俄克斯古坟高达49米，直径152米。它们不是由整块石料雕刻而成，而是由层层石块堆砌而成。巨大的石像头部混合了希腊人的面部特征和波斯人的头饰、发式。

环绕整个山头的是两列精致的雕像，这些雕像高大威猛，每一座均由6吨重的石头雕成，以安提俄克斯一世所崇拜的众神为主角。整个内姆鲁特·达哥山被这些巨大的神像包围，显得壮观而充满神秘色彩。两侧放置担当守护的狮子和雕刻的石雕像，中间稍大的是希腊神话中的众神之神——宙斯像，靠左面手持象征丰收物标志的是科默金王国守护女神和安提俄克斯一世，右面则为希腊神话中的太阳神阿波罗和赫拉克勒斯像。

安提俄克斯一世除了用众神的石像来表现陵墓的神秘之外，还运用了浮雕艺术。在西平台上有一座保存完好的浅浮雕像，雕像上的他正与阿波罗、宙斯及赫拉克勒斯等神握手，赫拉克勒斯手持棍棒，宙斯就座，阿波罗头戴放射状帽子，画面栩栩如生。旁边有一块"国王星占图"浮雕石板，浮雕上有一头颈挂新月的狮子和19颗星星，其中狮子背上的3颗星略大些，分别代表水星、火星和木星，这表示公元前62年7月7日这3颗行星在狮子座附近排成了一条直线，这一年正是安提俄克斯一世被加冕的一年。安提俄克斯国王在生前以这种星象图来加固自己的统治，而在死后也以这种星象图来作为自己不朽的证据。

内姆鲁特·达哥山上的安提俄克斯一世陵墓遗迹在沉寂了几个世纪之后，才在1981年被一位名叫卡尔·赛斯特的德国工程师发现。

之后，考古工作者又在宁沸伊奥斯的阿尔萨姆西亚发现了类似的建筑群，这是安提俄克斯的父亲米特拉达梯一世的墓地。墓地遗址没有保存下巨大的雕像，仅有一些描绘安提俄克斯与天神握手的场面的浅浮雕。让人不解的是，这里有一条长152米的地道向下伸入岩石。这是一条人工开凿的地道，部分地方建有台阶，但地道尽头是死路。墓地入口边有一段刻在石头上的长长的碑文，但关于地道却只字未提。地道有何作用，为何尽头是死路？无人做出回答。而内姆鲁特·达哥山上的陵墓通往地下的墓道在哪里呢？这是一个千古之谜。

扬州"二十四桥"之谜

说到二十四桥，不得不提及唐代诗人杜牧那首脍炙人口、名扬千古的诗篇：

"青山隐隐水迢迢，秋尽江南草未凋。

二十四桥明月夜，玉人何处教吹箫？"

说到二十四桥，就无法回避一个千古之谜：它究竟是一座桥，还是二十四座桥？这个古老的"哥德巴赫猜想"，至今未能解开。

其实，从宋代起，"二十四桥"便成了一宗众说纷纭而无定论的疑案：有人说是一座桥，有人认为是指二十四座桥。历代的辞典、诗词注解也都兼收两派之说，而不敢轻易取舍。

南宋词人姜白石在一个初冬来到扬州，写下了《扬州慢》这一千古绝唱："二十四桥仍在，波心荡，冷月无声。念桥边红药，年年知为谁生？"从词的具体语言环境来看，"二十四桥"似乎是指一座桥。

有人认为大名鼎鼎的二十四桥是子虚乌有的东西，实际上从来就不存在，它只是唐代扬州桥梁的总称。最早对此作出解释的是宋朝大科学家沈括，他认为"扬州唐时最为富盛。旧城南北十五里一百五十步，东西七里三十步，可记者有二十四桥"。并在卷中从城区的汶河茶园桥起，到东面的山光桥止——列出了桥名，但算来算去仅有21座桥的名称。也有人认为杜牧诗中的"何处"二字，清楚地传递着这样一个信念：二十四桥绝不是一座桥。

二十四桥的桥姿那么美！二十四桥的月那么妙！历史上有没有二十四桥，二十四桥究竟指的是什么？古往今来，多少风雅人士试图探个究竟，至今未有令人信服的结论。综合起来，大致有如下种种：

一、"二十四桥"就是一座桥，只因传说隋炀帝时，有24个美人月夜在桥上吹箫，故名"二十四美人桥"，简称"二十四桥"或"廿四桥"。到了清代，人们逐渐倾向于那原是一座桥的名称。清代扬州人李斗在《扬州画舫录》中写道"二十四桥即吴家砖桥，一名红药桥"，"跨西门街东西两岸"。

近来，扬州的一位青年作家，从语言上、地理位置上对"二十四桥"作了大量的论证：扬州"二十四桥"为"阿师桥"的谐音，并考证沈括记载的阿师桥，为今城北的螺丝湾桥。根据《汉语音韵学导论》一书拟唐音"二"、"十"、"四"、"桥"分别与"阿师桥"音同。若从扬州方言观之，"二十四桥"与"阿师桥"之古音也相近。因"阿"古音为a（见王力的《汉语语音学》，"二"古代的北方方言也为a。）

二、"二十四桥"就是遍布扬州地区的24座桥梁。沈括对二十四桥循名责实——以求凑足二十四座，但只凑成21座。南宋的王象之在《舆地记胜》中则记载："所谓二十四桥者，或存或亡，不可得而考。"

三、"二十四桥"是古代扬州桥梁的编号。在古诗中以序号称桥的不乏其例，就唐代扬州而言，对桥的编码也是有案可稽的。唐朝施肩吾《戏赠李主簿》诗有"不知暗数春游处，偏忆扬州第几桥"之句。唐人张齐《寄扬州故人》诗中有"月明记得相寻处，城锁东风十五桥"。

四、"二十四桥"在诗文中是虚指而非实指，故"二十四桥"既非24座亦不是一座，不过是泛指扬州小桥多罢了。杜牧常常喜欢用数字入诗，如《江南春》绝句有"南朝四百八十寺，多少楼台烟雨中"；《赠别》一诗中有"娉娉袅袅十三余，豆蔻梢头二月初"；《谴怀》的诗句中有"十年一觉扬州梦，赢得青楼薄幸名"等。由此可见，杜牧喜欢用数字，又特别喜欢用约数。因为它为约数，即不是实数，更不是专名。

当然，也有人指出"二十四桥"借指扬州，泛指扬州的繁华或是专指扬州美人，这些似乎也有一定的道理。但是，"二十四桥"的最终解释权，恐怕还得归杜牧。

艺术建筑的奇迹——悉尼歌剧院之谜

在澳大利亚悉尼杰克逊湾，有一个造型奇特的建筑——从远处望去像一叶巨大的百合花似的白帆，从近处看去又宛如一枚枚重叠屹立在海滩上的大贝壳，这就是1991年被英国《泰晤士报》评为"20世纪世界七大奇迹"之首的悉尼歌剧院。

悉尼歌剧院不仅是悉尼艺术文化的殿堂，更是悉尼的灵魂，来自世界各地的观光客每天络绎不绝前往参观拍照，清晨、黄昏或星空，不论徒步缓行或出海邀游，悉尼歌剧院随时为游客展现多样的迷人风采。

悉尼歌剧院的外形犹如即将乘风出海的白色风帆，与周围景色相映成趣。

悉尼歌剧院三面环水，整个建筑占地18400平方米，长183米，宽118米，高67米，有20层楼那么高。门前大台阶宽90米，由桃红色花岗石铺面，是当今世界最大的室外台阶。10个大小不等的贝壳形尖拱顶，由2194块弯曲形混凝土预制件拼装而成，拱顶外表覆盖着105万块瑞士制造的白色瓷砖。壳顶开口处由2000多块高4米、宽25米的玻璃板镶成，这不仅使整座歌剧院内的光线非常充足，而且人们站在室内也可以欣赏大海与港湾的风景。歌剧院内部包括4个主要演出厅：一个有2690个座位的大音乐厅，一个有1547个座位的歌剧院，一个有544个座位的话剧院，一个有419个座位的电影院，可同时容纳7000余人。另外还有5个排练厅、65个化妆室以及录音厅、展览厅、接待厅、图书馆、餐厅、咖啡馆、酒吧、出售纪念品的小商店等大小厅室900多间，宛如一座水上城市。仅其中的贝尼朗餐厅，每晚就要接待顾客6000人次。室内布置得富丽堂皇，舞台设备尽善尽美，各种演出频繁。悉尼歌剧院每天对外开放16小时，每天平均安排10场不同的演出。除了澳大利亚本国游客以外，每年来此参观的外国游客有300多万人。

那么，这个奇妙的、在建筑史上享有盛誉的建筑是由谁设计的呢？悉尼歌剧院是从20世纪50年代开始构思兴建，它的设计者来自安徒生的故乡丹麦。1956年的一天，37岁的丹麦建筑设计师约恩·乌特松无意中看到一则澳大利亚政府征集悉尼歌剧院设计方案的广告，产生了强烈的创作冲动。于是，富有诗人气质的乌特松度过了一个个不眠之夜，撕碎了一张张图纸，不断地修改构思，最后终于拿出了一个富有诗意的方案。

然而乌特松的方案刚拿到设计方案评委会时，并没引起重视，在大多数评委的眼皮底下被判了"死刑"，成了被淘汰到纸篓里的一团废纸。后来，刚刚抵达悉尼的评委会成员、著名美国建筑师伊洛·沙尔兰提出要看所有设计方案，当他从纸篓里翻出乌特松的设计方案时，眼睛倏然一亮，那欣喜万分之状不亚于哥伦布发现了新大陆！他惊呼道："艺术珍品！艺术珍品！"伊洛·沙尔兰以他的慧眼，力挽狂澜，勇排众议，进行了卓有成效的"游说"，以至于众多评委后来也感到了这个设计方案的魅力所在，纷纷易帜，与伊洛·沙尔兰"统一认识"、"统一步调"。乌特松的方案最终被评委会确定为优胜者，他们从纸篓里捡回了20世纪世界建筑史上的一个奇迹。

对于悉尼歌剧院那独特的造型究竟象征着什么，众说不一，最集中的说法有两种：一种说法认为它形若贝壳，洁白夺目；另一种说法认为它宛如巨帆，扬帆出海。

令人意想不到的是，在悉尼歌剧院落成20年之际，当记者采访乌特松时，他披露了这样一个秘密"歌剧院的造型并非风帆，也不是贝壳，而是切开的橘子瓣"。他说，"许多人都说，大海里的贝壳和风帆赋予了我创作灵感，实际不是那么回事。它只是一枚橘子，你如果将橘子切开后，橘子瓣的形状同歌剧院的屋顶造型是相像的。当然，我不否认，它又恰好与白色的风帆及贝壳类似，但这并不是我当初的本意。不过，我非常喜欢人们把它喻作贝壳和风帆。因为，这两种形象本身都是很美的。"

乌特松之所以把歌剧院顶部设计得高耸奇特，主要是考虑到杰克逊湾周边环境平坦开阔，歌剧院所处位置较低，因此必须在屋顶造型上做文章，才能与环境氛围相适应，不至于在视觉上留下遗憾。

在建造过程中，因为改组后的澳洲新政府与乌特松失和，使得这位建筑师愤而于1966年离开澳洲，从此再未踏上澳洲土地，连自己的经典之作都无法亲眼目睹。之后的工作由澳洲建筑师群力完成，包括Peter Hall、Lionel Todd等，悉尼歌剧院最后在1973年10月20日正式竣工。

悉尼歌剧院另一项传奇是它的第一场演出。当然，正式的首演贵客盈门，开幕式（1973年10月）更邀请了英国女王伊丽莎白二世亲临现场，但也有人认为悉尼歌剧院的第一场演出是1960年由Paul·Robeson为工作者献唱的那次。这位黑人歌手当时爬上了还在兴建中的鹰架引吭高歌。巧的是，他的生日与丹麦建筑师乌特松竟然是同一天。

一切都太巧了，但关于悉尼歌剧院的种种幕后故事还不止这些。由于兴建过程中的风风雨雨，有克服不了的技术难关、有拂袖而去的建筑师，还有差点让政府破产的超高工程费以及一只在首演彩排时跑来插花的临时演员——负子鼠，后来有人将这些写成了一出歌剧，名字是：世界第八奇景。

每年在悉尼歌剧院举行的表演大约3000场，约二百万观众前往共襄盛举，是全世界最大的表演艺术中心之一。歌剧院白色屋顶是由一百多万片瑞典陶瓦铺成，并经过特殊处理，因此不怕海风的侵袭，屋顶下方就是悉尼歌剧院的两大表演场所——音乐厅（Concert Ha11）和歌剧院（Opera Theater）。

音乐厅是悉尼歌剧院最大的厅堂，共可容纳2679名观众，通常用于举办交响乐、室内乐、歌剧、舞蹈、合唱、流行乐、爵士等多种表演。此音乐厅最特别之处，就是位于音乐厅正前方的由澳洲艺术家所设计建造的大管风琴，号称是全世界最大的机械木连杆风琴，由10500个风管组成。此外，整个音乐厅建材使用均为澳洲木材，忠实呈现了澳洲自有的风格。

歌剧院较音乐厅小一些，拥有1547个座位，主要用于歌剧、芭蕾舞和舞蹈表演。另外悉尼歌剧院还有一个小型戏剧厅（Drama Theater）和剧场（Playhouse），分别可容纳544与398名观众，通常用于戏剧、舞蹈、讲座和会议的举行。另一个Broadwalk Studio在重新整修后，于1999年重新启用，适于音乐和实验剧场使用。

柏林墙修建之谜

柏林墙的正式名称叫做"反法西斯防卫墙"，它是第二次世界大战和东西方冷战关系的产物。

1945年5月8日，纳粹德国投降。根据1945年美、英、苏三国克里米亚声明和波茨坦协定，东普鲁士和奥得·尼斯河以东约11.4万平方公里的德国领土分别割让给了苏联和波兰，其余的德国领土和首都大柏林市则由美苏英法4国分区占领，同时4国组成"盟国管制委员会"，接管德国的最高权力。

但由于受意识形态和"冷战"因素的影响，在后来处理德国问题的实际过程中，美、英、法西方资本主义国家逐渐接近，形成以西方资本主义国家为一方和以社会主义国家苏联为一方的双方对立局面，初步造成了德国事实上的"一分为二"。

1947年1月1日，美、英率先合并了两国的占领区，成立"双占区"，1948年6月，法国也加入双占区，形成了"西占区"。3国在西占区召开立宪会议，制定临时宪法，实行货币改革，用西德马克取代原来的帝国马克。1949年5月10日，西占区立宪议会决定以波恩为首都建立联邦国家，5月23日通过《基本法》，即临时宪法，德意志联邦共和国成立。1946年4月，在苏联占领下的德国东部5个州举行了乡镇、区州的选举，建立各级议会和政府，并于1949年10月7日苏占区的德国人民委员会宣布成立德意志民主共和国。德国事实上已经一分为二，出现了两个国家。

随着东西方"冷战"关系的加剧，东、西德处在两大集团政治、军事对峙的前沿。1954年10月，联邦德国同美、英、法等国签订巴黎协定，翌年协定生效，西德成为主权国家并加入北约。1955年5月14日，华沙条约组织成立，以苏联为主，包括东德在内。

△ 柏林墙

柏林市的西占区和苏占区的对立也逐渐明朗化。早在1948年6月18日，西方国家单独在西占区实行货币改革，作为报复行动，苏联马上在6月24日对柏林西管区实行交通封锁。美国坚持空投食品等，以供应西柏林市民，架起与苏联对抗的"空中走廊"。西占区和苏占区使柏林市形成了两个市政府、两套警察体系、两种货币制度以及两个市议会。

西柏林由于得到马歇尔计划中的巨额援助，经济迅速恢复和发展，从1945年到1961年，每年约有数十万东德公民逃往联邦德国，很多人是科学家、医生、工程师和专业技术人员，给东德造成巨大损失。

1961年8月13日，一堵高墙一夜之间横亘于东西柏林之间，拉开了柏林东西部28年分隔历史的序幕。此后发生一系列震撼性的事件：

柏林墙建成后，1961年8月24日发生第一次枪击逃亡者事件，截止到1989年，共有61人被边防哨兵枪杀。

1961年10月27日，美苏两方十几辆坦克在柏林墙两侧相隔100米对峙十几个小时，第3次世界大战如同箭在弦上，一触即发。

1971年，4国协定允许西柏林人自由出入城市和去东柏林探亲。

1989年9月11日，成千上万的东德公民借道奥地利和匈牙利边境再次向西德逃亡，史称"公民大逃亡"。

1989年11月9日下午6时57分，民主德国宣布开放边境。人们迅即拆毁了横亘在东西柏林之间28年的高墙，史称"柏林墙倒塌"。

回首历史，人们不禁要问：东德政府为何要修筑柏林墙，苏联对此又是什么态度？

二战结束之初，随着冷战气氛日益浓厚，西方国家不断对东德进行渗透，他们在西柏林建立"招募中心"，煽动并帮助东德居民逃往西方，给东德社会经济和国家安全造成巨大影响。苏联和东德领导人甚至一度下决心要"割掉西柏林这个毒瘤"。1961年3月，东德国务委员会主席乌布利希在华约组织的一次会议上提出要在东西柏林边界架设铁丝网，以加强对边境的控制，但没有得到苏联等国家的支持。8月初，鉴于逃往西方国家的东德公民越来越多，苏联当时的领导人赫鲁晓夫终于答应了乌布利希的要求。8月12日，东德开始紧急构筑柏林墙。

就在柏林墙完工的一刹那，一名东德士兵飞身而下，一步跳进了西方"自由世界"，成为令人难忘的一个历史镜头。

柏林墙全长169.5公里，包括水泥板墙104.5公里，水泥墙10公里，铁丝网55公里。墙高约3.5米，沿墙筑有253个口望塔、136个碉堡、270个警犬桩和108公里长的防汽车和坦克的壕沟。柏林墙最后完工是1975年，其修筑共历时14个年头。建成后，先后有数百人在试图穿越这道封锁进入西方自由社会时不幸丧生于墙下。

柏林墙一直被认为是苏联政府为与北约集团对抗而修建的。但目前随着一些鲜为人知的文件披露出来，却相应带来一种新观点：柏林墙是美国情报部门一石两鸟的巧妙计策，苏联被迫接受了柏林墙。

由于20世纪60年代东德经济持续恶化和西方媒体过火的煽动，大批东德人经过西柏林逃往西方，形成强劲的移民潮，这使美国肯尼迪政府十分担心：一旦东德境内发生骚乱和起义，恼羞成怒的苏联集团就很可能孤注一掷地与西方国家开战，东西方的平衡将被彻底打破，第三次世界大战就有可能箭在弦上。那么怎样才能阻止这些不利事件的发生呢？美国中情局在东德领导人身上打起了主意。

过去，西方国家大肆煽动西方世界遍地黄金，帮助东德公民逃往西方。而此刻，中情局发动潜伏在东德政府和地方的特工散布说，如果东德公民再继续向西方逃亡，则关系到东德的生死存亡。此举果然有效，东德领导人昂纳克坐不住了，决心尽快采取行动在东西柏林之间筑起一道墙，而且此举还要事先瞒住苏联，不让赫鲁晓夫知道。

1961年8月13日，全副武装的东德边防军和武装警察在东西柏林之间拉起了一道铁丝网，架起了反坦克障碍，硬是将柏林市生生地拆成两半。

当苏联最高领导人赫鲁晓夫得知柏林墙的修建报告时大吃一惊，他担心此举激怒西方，引起整个西方对苏联实施经济制裁，甚而有可能与苏联发生战争。但赫鲁晓夫却硬着头皮发表了这样的讲话："柏林墙是阻止西方帝国主义侵略的篱笆，德国工人阶级修起这堵墙后，恶狼就再也别想闯进德意志民主共和国了！"

而柏林墙的修建，在阻止东西方矛盾过度激化，迫使苏联接受冷战现实方面确实发挥了奇妙的作用。

1989年11月9日，柏林墙被推倒；1990年10月2日，原民主德国国旗徐徐降下；1990年10月3日零点，在柏林帝国议会大厦前，联邦德国国旗冉冉升起，德国被一分为二的历史终于结束了。

卡帕多西亚地下建筑之谜

由火山熔岩侵蚀而成的卡帕多西亚高原位于土耳其境内，面积4000平方千米。17世纪以来，这里陆续发掘出了上千座岩洞教堂，几十座地下村镇，被称为"卡帕多西亚地下岩洞群"，成为世界知名的旅游胜地。

卡帕多西亚地下岩洞都是人工开挖的洞穴，有门有窗，还有些门洞离地面6米以上，要费很大的劲儿才能爬进去。顶部凿成圆穹，底部凿留圆柱、门郭、台阶，四面琢磨出十字架、神像、神龛、祭坛，还绘有壁画。很显然，这一个个洞穴是一个个玲珑的教堂。小教堂可容几十人，大教堂可容上百人。这些岩洞打通后由地道串联起来，就成为四通八达的村落。真是令人难以想象的浩大工程！

在纯粹手工劳作的年代，没有开凿机械和运输车辆，如何从坚硬的熔岩层中掏出这么大的空间，清运出这么多土石？卡帕多西亚地下岩洞的工程绝不亚于埃及金字塔，靠什么神力完成了这个浩大的工程？伊斯兰国家土耳其，哪有可能存在这样庞大的基督教居住区？

关于卡帕多西亚地下岩洞的存在和消失，史书上全无记载，始终是未解之谜，最早发现这一奇迹的是法国一位访问土耳其的密使。他是法国国王路易十四所派的，偶然经过此地，见到这些不可思议的、已被废弃的岩洞教堂群，回欧洲便宣布了这一重大发现。然而，却没人相信他的"神话"，都说他是疯子，世间哪有如此美妙的地方？消息一经传开，渐渐有人前来探访，土耳其也有移民前来垦荒。20世纪初，这里才有稀稀疏疏的村落，居民大都利用废洞安身，先后发现上千座岩洞教堂和地下穴洞。人们与洞穴为伴，习以为常，未引起考古学家的注意。过了100年，卡帕多西亚才闻名于世。

1963年，特兰古丘村一农民灌地时，在他院子底下忽然掘出一个洞口。在村民的协助下，架着梯子进入井口，通过8层过道，见到一个恍如迷宫的地下村落。这个爆炸性的新闻，引起了世界注目，从此人们开始了系统的考古发掘。

从地质学角度来看，约在800万年前，卡帕多西亚是火山活动的中心，后经风化侵蚀，其他松质灰岩被冲走，玄武岩层留了下来，形成了今日所见的岩锥、悬崖地貌。这里的地层并非"死硬"，一片玄武岩硬壳包着松软的凝灰岩。火山喷发剧烈时，也可能留下隧洞式的溶洞。当时的人们完全可以避重就轻掏出软岩，留下硬壳，也可以利用天然溶洞进行拓宽改造。不过，即使如此也还是会触动硬层，清运巨量废渣出洞。若不是经过几百年的艰辛劳动，挖洞不止，是不可能拓成如此规模的地下世界的。那么挖洞的是谁呢？

有人认为，挖洞者肯定不是土著，而是一群外来的宗教徒。出于对基督的狂热崇拜，才会在此舍生忘死，造出那么多的教堂。根据考古学家考证，约在2000年或更早以前，已有一支部族避居此地。其所以选择居住卡帕多西亚就因这里荒凉，四面群山环绕，不容易引起敌人的注意。据估计，可能有人挖掘岩土，发现有的地方松软，就依势掘进，竟可作居室，比砌屋省工得多。众人仿效，逐渐转入穴居，成为隐居者理想的庇护所。

随着基督教传入，卡帕多西亚人成了虔诚的教徒。飘零于世，精神无所寄托的卡帕多西亚人比罗马人更加相信上帝。公元610～1204年，从罗马帝国中分裂出拜占庭帝国。这是一个以土耳其为基地，奉行基督教的国家，卡帕多西亚因而掀起一股建造教堂的热潮。

直到有一天，穆斯林完全统治了土耳其，面临杀身之祸的卡帕多西亚人四散逃亡，弃家而去，或者逃到基督教国家容身，或者改奉伊斯兰教杂居到穆斯林村庄。到了14世纪，繁荣一时的卡帕多西亚成了无人区，洞穴终被遗忘。17世纪法国密使发现此地时，其已经荒废了300多年。

今天的卡帕多西亚欣欣向荣，昔日的石穴有的改造为住宅，有的修整成旅馆、饭店，招揽游客。大的洞穴饭店高达6米以上，同时可容上百人进餐。依山新建的现代化旅游设施、电灯、电话与中世纪洞穴相映成趣，别有一番风味。只不过现代人在享受这些洞穴所带来的美妙感受的同时还是不禁想问：这些地下岩洞是靠什么神力建造起来的呢？

古罗马的道路是怎样修建起来的

古罗马保持最久的纪念建筑之一就是它巨大的道路网。它们将罗马各行省编织在一起，为罗马帝国的强盛和繁荣作出了巨大的贡献。

在当时由于古罗马人崇尚法制，追求有序和规则，因此古罗马时代的交通运输网都有着宏伟的规模。各交通大道一般都以罗马城为中心，呈辐射状向周围地区延伸。

公元前312年，为适应版图扩张和势力延伸的需要，在监察官阿庇乌斯的主持下，罗马人修筑了第一条高水准的罗马式道路——阿庇乌斯路，这条大道从罗马南下直达意大利工业中心卡普亚。之后不久，罗马又修了一条北上的弗拉米乌斯路，直达亚得里亚海滨的北方重镇阿里米昂。再从这条北上大道延伸至波河流域，就可与法、德、瑞士、奥地利等地相连，通达之途更为广阔。

到公元前2世纪，罗马陆续建成几条大道。其中一条以罗马为起点，向西北直达热那亚；另有瓦莱里亚大道横贯亚平宁半岛；还有一条称为拉丁大道，沿着罗马向东南方向延伸，在卡普亚附近与阿庇乌斯路连接。

首都罗马用道路和意大利各地、西班牙、小亚细亚部分地区、阿拉伯以及非洲北部连成整体，并把这些地区分成12个行省，共有约320条联络道路，总长达到78000千米，以维持帝国在广大地区的统治便利。

有这么多的高水准道路通向四面八方，所以也就留下了那句"条条大道通罗马"的谚语。

整个帝国庞大的道路网，以29条干道为主体，工程技术标准和便于通行程度非常高。史学家认为，这种道路工程是罗马"最有特色的文化纪念物"。

就第一条大道"阿庇乌斯路"来说，它工程品质可靠，坚固牢实，"全天候"使用，无论雨雪风暴、翻山过桥，随时都可以保证畅通。平时的交通军旅以坐骑为主，货物则用车运，因此这种道路宽度不仅要足容数队军骑来往通行，还要保持路线基本平直，上下坡度力求低缓，桥梁设施配套齐全。

为适应行军需要，路面本身用沙石铺筑成4层：最下一层是基础层，铺以泥灰或沙，并夯实，作为路基；第二层是石块与灰土混合铺筑，石块大约有拳头大小，用以充实路面、保证一定的高度；第三层是混凝土（或石灰），与下面一层黏牢，为路面提供牢实的基底；有时候工人铺设碎石或粗沙掺以泥灰，再用滚压机压平。最后一层，也就是军骑直接接触的路表面，用平整的石块铺成，接缝处十分严密，石块整齐统一，每块为1米至1.5米长。路面中间稍稍隆起，形成小弧形，这样下雨的时候水不会聚集，而是顺势流向两边，分散到两旁的下水道。路边有石砌保护，有排水沟。

主要军用大道宽十一二米，路中间硬面部分宽3.7米至4.9米，供步兵通行，外侧为骑兵道，宽约2.5米。这种建筑工程技术的标准是修筑阿庇乌斯路时拟定的，以后其他路的修筑都纷纷仿效。

铺设罗马大道要从异常精确的勘察开始。在开阔地带，道路是直的：在凹凸不平的乡间，则要穿过地势较高的地区。必要时，需开凿隧道通过山坡，遇到沼泽地带时，堤道则把它抬高。

由于当时还没有电的发明使用，勘察人员经常靠点火调准路线，大部分在黎明和傍晚时分完成。为了完成任务，人们还依赖各种不同的仪器：便携式日晷，以确定方位；量角仪——一根木杆上装有水平交叉横木，四端各用线垂一重物，用来测量直线和直角；还有水准测量仪器，叫做地层仪，用来测定地形的剖面。

罗马大道极大地促进了罗马帝国的繁荣和强盛，为罗马文明的传播提供了无比优越的条件。遍布帝国大地的交通道路网络，在中世纪的时候为全欧洲受益。在铁路时代到来之前。罗马人这套伟大的建筑体系工程，为欧洲陆路旅行在方便快捷方面做出了无与伦比的贡献。

历经千余年的岁月洗礼，今天我们仍能随处看见罗马古道的遗迹，它们仿佛在向世人诉说着昔日帝国的辉煌。

雷峰塔地宫内的千古之谜

2001年3月15日，在雷峰塔地宫的舍利函中沉睡了1000多年的珍贵文物，终于在世人面前揭开了它神秘的面纱。浙江省文物考古所的专家称，雷峰塔地宫舍利函内的文物已全部安全取出。

舍利函的开启工作是在2001年3月14日19时开始的。在浙江省博物馆山洞库房恒温恒湿的模拟环境下，在除锈之后，重达100多公斤的铁函被考古人员小心翼翼地打开。

考古人员随后对舍利函进行清淤，经过4个多小时的工作，依次从

△ 倒塌前的雷峰塔

函中提取了金涂塔、方形铜镜、鎏金银盒、皮带和小蓝玻璃瓶等6件珍贵文物。

舍利函开启不久，一尊通高35厘米的鎏金银质金涂塔展现在考古人员面前。

这座塔的底座呈方形，边长为12.6厘米，方形塔身边长12厘米，通高35厘米，四面饰有佛祖故事题材的浅浮雕。塔身上四角各有一根山花蕉叶，呈三角柱形矗立，各面上均有人物形象，记述着佛祖一生的佛传故事。塔身正中矗立着五重相轮，相轮上饰有忍冬、连珠等纹样，十分精美。雷峰塔考古队队长黎毓馨说，与前不久在雷峰塔的天宫中发现的金涂塔相比，这座塔的做

工更为考究，造型更为精美，代表了五代时期吴越国最高的工艺水平。

△ 雷峰塔地宫佛像文物

透过金涂塔塔身镂空处，还可以看到塔内放置着的一个金质容器。考古人员初步断定这应该就是金棺。根据出土的文物和文献分析，金棺内应是吴越王钱供奉的佛螺髻发无疑。浙江省文物考古所所长曹锦炎称，由于金棺是被完整地焊封在金涂塔塔身内的，出于对文物的保护，考古队将不打算打开金涂塔。他同时还说，这座纯银质的金涂塔不仅工艺精美，而且保存十分完好，在考古发现中十分罕见，当属国宝级文物。

在金涂塔的下方，是一个鎏金的银盒，高14厘米，口径为20厘米，因地宫早年渗水，盒内还残留有积水。盒盖上饰有繁缛纤细的双凤缠牡丹纹样，四周等距分布着"千秋万岁"4个楷体字。银盒旁绕着一根皮腰带，带扣保存十分完好。皮带的皮革虽然已经腐朽，但纹路痕迹却清晰可见，上面还镶嵌有12件十分精美的银质饰品。

在舍利函的底部，考古专家们还发现了丝织品的痕迹，丝织品的上方覆着一面直径约为20厘米的圆形方角的铜镜和一只鎏金的银台饰，铜镜的镜纽上犹有丝带穿系。此外考古人员还发现了一只蓝色的葫芦状玻璃瓶。

至此，雷峰塔地宫内的千年之谜已被全部解开。本次考古的相关负责人称，地宫出土的所有文物将被送到国家有关部门再次进行权威鉴定，并最终确定文物的存放地点。

神秘的禹王碑

从岳麓山北麓山顶电视塔附近沿石板路东下，在山东面一侧，远远就能看见一处类似石亭的小景点，这就是静卧山顶近千年的禹王碑。禹王碑是岳麓山的古老文化象征，它的碑文铭刻千年，至今尚无人破译。

禹王碑高1.84米、宽1.4米，碑文9行，共77个字，每字直径约0.16米。碑文形如蝌蚪，似篆非篆。相传4000多年前的洪荒时代，天下被洪水淹没，大禹为民治水，到处奔波，"七年闻乐不听，三过家门不入"，最终制服洪水。传说大禹曾到过南岳，并在岣嵝峰（古名）立下了石碑。

史载禹王碑最初发现于南岳衡山岣嵝峰，亦称"岣嵝碑刻"。该碑系宋代嘉定年间（公元1208年至1233年）由南岳衡山岣嵝峰摹刻而来，距今约800年的历史。因衡山至今未发现史传的禹王碑真迹，故此碑系唯一的最古老的禹王碑蓝本。因其来历不明，颇为神秘。

青苔斑驳，碑文苍古，禹王碑给游人强烈的厚重沧桑的历史感。尽管经历了近千年历史的洗刷，禹王碑至今仍保存完好，且周围留有历代名家题词。

据岳麓山风景名胜区文物工作人员介绍，禹王碑景点开发早在2003年就列入了管理处的议事日程，并提出了相应的开发方案。开发是为了挖掘岳麓山的历史文化内涵，弘扬大禹治水的精神，打造中华民族精神的教育基地和远古文化的研究基地。管理处酝酿在此修建以唐代建筑风貌为主，结合夏文化的元素特征，采用亭、廊（半廊）、碑和塑像合理搭配，建成以禹王碑所在地为中心的景点。

管理处有关人员坦言：开发禹王碑景点的同时，也期待碑文这一千古之谜有新突破，为景点赋予新的内涵。

禹王碑碑文字形奇古，有人说是蝌蚪文，有人说是鸟篆，还有人说是符。但历代学者大多认为是商周或商周以前的文字。自明代嘉靖年间再现天日后，禹王碑引起许多学者的兴趣，研究者颇多，杨慎、沈镒、郎英、杨时乔等人对碑文都有释文，却各有不同。长沙市委文史研究室文史专家陈先枢介绍，禹王碑虽经历了近千年的历史，然而因其碑文的独特释文至今尚无定论，如今能形成一家之言的说法就有好几种，其中明代杨慎，当代学者曹锦炎、刘志一的释文比较有代表性。

明代杨慎为正德年间状元，明世宗时任经筵讲官，博览群书，当时推为天下第一，曾撰禹王碑释文："承帝日咨，翼辅佐卿。洲诸与登，鸟兽之门。参身洪流，而明发尔兴。久旅忘家，宿岳麓庭。智营形折，心罔弗辰。往求平定，华岳泰衡。宗疏事裒，劳余神。郁塞昏徙。南渎衍亨。衣制食备，万国其宁，窜舞永奔。"杨慎的释文也多采用为现在禹王碑的释文。

陈先枢认为，当代学者对禹王碑的释文，以杭州曹锦炎和株洲的刘志一等人先后作"岣嵝碑释文"比较有代表性。

其中曹锦炎认为，禹王碑是战国时代越国太子朱句，代表其父越王不寿上南岳祭山的颂词。而株洲刘志一认为，禹王碑为公元前611年（楚庄王三年）所立，内容是歌颂楚庄王灭庸国的历史过程与功勋。

千古奇碑，至今说法不一，没有形成定论。原湖南省博物馆馆长、考古专家熊传薪认为，禹王碑蝌蚪文独特的文字，使得历代学者专家破译说法不一，至今未能找到令人信服的说法，留下千古之谜。长沙市文化局文物处有关负责人杨晓刚告诉记者，禹王碑碑文既不同于甲骨钟鼎文，也不同于籀文蝌蚪文，很难辨认，杨慎释文也只是一说，难做定论，而我国历代碑石中尚无夏禹时代的实物例证。

地球上现有的人类是第一次出现吗

众所周知，距今1万多年的旧石器时代的人类，被认为是可考历史中确实存在的地球人，而化石证据则告诉人们，人类的祖先最早出现于300万年前，这一巨大的时间差异让人几乎难以相信。然而，更令人疑惑的是，在距今5亿多年前的地层里，科学家竟发现有人的脚印。似乎越来越离谱了，而这又是有据可查的。

1938年，美国肯塔基州柏里学院地质系主任柏洛兹博士宣布，他在石炭纪砂岩中发现了10个类人动物的脚印。显微照片和红外线照片证明，这些脚印是人足压力自然造成，而非人工雕琢。据估计，有人足痕迹的这些岩石约有2.5亿年历史。

更早些时候，有人在美国圣路易市密西西比河西岸一块岩石上，曾发现过一对人类脚印。据地质学家判断，这块岩石约有2.7亿年历史。

更为奇特的发现，是在美国犹他州羚羊泉。业余爱好者米斯特于1968年6月发现了几块三叶虫化石。他叙述说，当他用地质锤轻轻敲开一块石片时，石片"像书本一样打开，我吃惊的发现，一片上面有一个人的脚印，中央处踩着三叶虫，另一片上也显出几乎完整无缺的脚印形状，更令人奇怪的是，那几个人穿着便鞋！"

之后，1968年7月，地质学名家伯狄克博士亲往羚羊泉考察，又发现了一个小孩的脚印。1968年8月，盐湖城公立学校的一位教育工作者华特，又在含有三叶虫化石的同一块岩石中发现了两个穿鞋子的人类足迹。

所有这些发现，经有关学者鉴定，均认为令人无法怀疑，是对传统地质学的严峻挑战。犹他州大学地球科学博物馆馆长马迪生，在记者招待会上说，那时候"地球上没有人类，也没有可以造成近似人类脚印的猴子、熊或大懒兽，那么，在连脊椎动物也未演化出来之前，有什么似人的动物会在这个星球上行走呢"？

三叶虫是细小的海洋无脊椎动物，与虾蟹同类。在地球上存在时间从6亿年前开始，至2.8亿年前灭绝。而人类出现的历史与之相比，很短，至于穿上像样的鞋子不过3000多年。这一切，又该作何解释？

原子能技术是人类近几十年中才开始掌握的一门高科技技术，而在非洲，却发现了一个20亿年前的核反应堆。

法国有一家工厂使用从非洲加蓬共和国进口的奥克洛铀矿石，他们惊讶地发现，这批进口铀矿石已被人利用过。铀矿石的一般含铀量为0.72%，而奥克洛铀矿石的含铀量却不足0.3%。这一奇怪的现象引起了科学家们的注意。他们纷纷来到加蓬奥克洛铀矿考察。发现了一个不可思议的史前遗迹——古老的核反应堆，由6个区域约500吨铀矿石构成，输出功率估计为100千瓦。这个反应堆保存完整，结构合理，运转时间长达50万年之久。

据考证，奥克洛铀矿成矿年代大约在20亿年之前，成矿后不久就有了这一核反应堆。而人类只是在几十万年之前才开始使用火。那么，是谁留下了这个古老的核反应堆？是外星人的作品，还是前一代地球文明的遗迹？

人类学会制造工具不过几十万年历史，然而，人们却从几千万年甚至几亿年前形成的矿石中发现人工制造的东西。

1844年，苏格兰特卫德河附近的矿工，在地下2.4米的岩石中发现藏有一条金线。

1845年，英国布鲁斯特爵士报告，苏格兰京古迪采石场在石块中发现一枚铁钉，铁钉的一端嵌在石块中。

1851年，美国马塞诸塞州多契斯特镇进行爆破，从坚实的岩床中炸出了两块金属碎片。这两块碎片合拢后，竟是一种钟形器皿。高12厘米，宽17厘米，是某种金属制成，有点像锌，或锌与银的合金，表面铸刻着6朵花形图案，花蕊中镶有纯银，底部镌刻着藤蔓花环图纹。当地报刊誉为"精美绝伦"。

1852年，苏格兰一处煤矿中，在一大块煤炭中发现一件形状像钻头的铁器，而煤块表面无破损，也找不到任何钻孔。

1885年，澳大利亚一处作坊的工人，在砸碎煤块时发现煤中有一个闪闪发光的金属物，是一个平行六面体，两面隆起，其余四面皆有深槽，形状规则，使人无法否认这是一个人造物体。

1891年，伊利诺斯州摩里逊维尔镇的柯尔普太太在敲碎煤块时，发现煤里有一条铁链，两端还分别嵌在两块煤中。这两块煤原来是一个整体，只是在敲碎时才分开。

1961年，美国加利福尼亚州奥兰恰市洛亨斯宝石礼品店3位合伙人兰尼、米克谢尔和麦西，在一个海拔1300米的山峰上，找到一块化石。当他们用钻石锯开化石时，锯刃被坚强的东西弄坏了，打开后才发现，化石中包着一个"晶洞"，里面有一个像汽车火花塞一类的东西。中间是一条金属圆芯，外包一个陶瓷轴环、轴环外又有一个已变成化石的木刻六边形套筒，套筒外面便是硬泥、碎石和贝壳化石碎片。据地质学家估计，这块化石在50万年前就已形成。而50万年前又何来汽车火花塞？

在距离澳大利亚东海岸约1200公里的新喀里多尼亚岛以南约64公里处，有一个叫派恩的小岛。岛上有400多个像蚁丘似的古怪古冢，用沙石筑成，高约2.5米，直径约90米。古冢上寸草不生，古冢内也找不到任何遗骸，只在3个古冢中各发现一根直立水泥圆柱。这些圆柱，直径从1～1.90米不等，高在1～2.5米之间。用放射性同位素碳检验法测定，这些圆柱是公元前5120年至前1095年间的东西。是谁在人类发明水泥之前就已使用水泥了，这些圆柱究竟有什么用处，为什么附近找不到任何有关的人类遗物？

在南美发现一个秘密的隧道系统。这个隧道系统的秘密入口处由印第安人的一个部落把守，一直通向250米深的地下。隧道内壁光洁平滑，顶部平坦。其中有几处宽阔的厅洞，竟有喷气客机停机库那么巨大。在一处宽153米、长164米的大厅中放着一张桌子，7把椅子。这些桌椅不知用何种材料制成，像石头又不冰冷，像塑料却坚硬如钢。

在美国佛罗里达州、佐治亚州和南卡群岛一带海底。人们发现一条路面宽阔的平坦大道，潜水艇安上轮子后可以像公共汽车一样在大道上行驶。

在土耳其伊斯坦布尔的托普卡比宫中，珍藏着一张奇特的古代地图。这张古地图是18世纪初发现的，看样子是一份复制品。地图上，只有地中海地区画得十分精确，其余地区，如美洲、非洲都严重变形。然而，当科学家们进一步深入研究时，惊讶地发现，这张占地图其实是一张空中鸟瞰图。同阿波罗8号飞船所拍摄的照片树比，土耳其的这张古地图就像是它的翻版一样，地图上美洲、非洲的变形轮廓线，同阿波罗飞船拍摄的照片完全重合。尤其令人惊讶的是，古地图上还绘出了南极洲冰层覆盖下的复杂地貌，同南极探险队在1952年用回声探测仪对南极冰下地形的探测网毫无二致。是什么人在远古时代就已掌握了太空航摄的高技术？

在南美喀喀湖高原，古城第阿瓦拉克神秘的废墟中，有一座用整块红色砂岩雕刻成的巨大神像。神像上刻有一幅完整无缺的星空图，以及上百个符号。考古学家多年研究，终于破译了星图及符号，他们认为，这幅星图所描绘的是2.7万年前的古代星空，那些符号记述的是极为深奥的天文知识，这些知识是现代人类所未能掌握的。数万年前居住在南美喀喀湖畔的古人类，又怎样掌握了超过现代人类的天文知识？

更为奇特的是，1921年在非洲赞比亚，人们发现了一个古尼德人的头骨，头骨左方有一个边缘平滑的圆孔，这圆孔唯有子弹射击才能形成。而据考证，古尼德人生活在旧石器时代中期，距今约有7万年。当时的人类，才刚刚学会使用石斧！

还有，在巴格达城郊的一座古墓中，科学家发现一组2000年前的化学电池，他们仿造古电池成功地获得0.5伏电压，持续工作了18天。世界公认的第一个电池，是公元1800年发明的，距今不到200年。

在埃及金字塔中，考古学家们从一具男童木乃伊的左胸中发现一颗人造心脏。现代医学研制使用人工心脏不过10来年历史，而木乃伊的这颗人造心脏却在5000年之前就已通过精密的外科手术安进一个男孩子的胸腔！

以上种种超文明不解之谜，一些科学家认为有两种解释：一是外星人访问地球所留下的痕迹；一是现代人类文明之前，曾经出现过前一届高级人类的史前超文明。

越来越多的人更为相信后一种解释，有科学家提出了地球文明周期进化论。

我们不妨来做一个有趣的计算，即我们把地球以及人类的全部历史压缩到一年之中，这一年的每一秒钟约等于地球历史的140年。那么，现有人类最早的祖先诞生于这一年中的最后一天，即第365天的18时30分左右。现有人类有文字的历史出现于最后一天的最后1分钟，即23时59分30秒前后。以英国工业革命为标志的现代文明距离现在还不到2秒钟。

毋庸置疑，这个计算使我们深切地体会到现有人类历史的短暂和渺小。难道在现在人类诞生以前的364天零18个小时内，或者说是在44.97亿年漫长地质年代里，地球上的高等智能生物真是一片空白吗？会不会在我们以前曾经有过类似人类的高等智能生物呢？一些科学家认为这种可能性是存在的。

于是，有人提出了地球文明循环说。

生物考古学家认为，地球诞生至今的45亿年历史中，地球生物经历了5次大灭绝，生生死死，周而复始，最后一次大灭绝发生在6500万年之前。有人据此推断，20亿年前地球上存在过高级文明生物，但不幸毁灭于一场核大战或巨大的自然灾变。亿万年的沧海桑田几乎抹去了一切文明痕迹，仅留下极少遗物，成了现代人类的不解之谜。也有人认为，前一届高级文明的毁灭，是因为地球气候的周期性变化，或者因为地球磁场的周期性消失。太阳系运转到宇宙空间某个特定位置时，地球上将会周期性地出现不适应人类生存的气候。6500万年前恐龙的灭绝便是一个例证。地球的这种周期性气候变化会导致高级智慧生物的周期起源和进化。

我们现在感到迷惑不解的许多遗址、遗物，只不过是有幸保存下来的高度文明的残有物而已。即使是一度文明，也是几经毁灭性的劫难，当代人类也只是那些幸存者的后裔而已。

"非洲屋脊"上的独石教堂之谜

有着3000多年悠久历史的埃塞俄比亚，是非洲东部的一个古老国家。在其首都亚的斯亚贝巴以北350千米的拉利贝拉，海拔2500米的约瑟夫主教山麓有一个奇特的教堂群：11座石结构教堂全部建筑在地下，顶部与地面齐平。这些教堂占地从几十平方米到几百平方米不等，乍一看好像是用一块块石砖垒砌起来的，实际上每座教堂都是在一整块巨大的山岩上凿出来的，"独石教堂"也因此而得名。

埃塞俄比亚是个高原国家，素有"非洲屋脊"之称。埃塞俄比亚的高山大部分都是火山。几千万年前，这些火山曾经大规模爆发，喷出的岩浆使很多地方覆盖上了凝灰岩。拉利贝拉正处于火山凝灰岩地带。为了建造教堂，聪明的当地工匠首先选择形状完整、没有裂缝的巨岩，在其四周挖出沟壑，使它和山体分离出来，然后经过精心设计，在巨岩内预留墙体、屋顶、祭坛、柱、门等，并进行细致的雕凿，最后使之成为一座独特的教堂。

这个独石教堂群中，最大的一座名叫"梅法哈尼·阿莱姆"，意为救世主。它的面积近500平方米，是用一块长33米、宽21.7米、高11.5米的山岩凿成的。室内有28根石柱全部打磨成椭圆形。柱子后面的窗棂被凿成阿克苏姆石碑的样子。阿克苏姆是埃塞俄比亚著名的古城，在其中央广场上耸立着126座高大的花岗石方尖碑，最高的34米。这种大型石碑，在非洲像金字塔一样闻名遐迩，是埃塞俄比亚古建筑的重要标志。另外10座教堂也各具特色。十字架形的圣乔治教堂系用巨石凿，平面的屋顶上也雕凿了一个巨大的十字架图案，从空中俯瞰非常醒目。

圣玛丽教堂以壁画闻名，其天花板和拱门上有艳丽的红、黄、绿色图案，有的是不规则的几何图形，有的是惟妙惟肖的动物图像。诺曼纽尔教堂

△ 梅法哈尼·阿莱姆教堂

是一座双层建筑，楼板和横梁被特意雕成仿木头的模样，窗棂也类似阿克苏姆石碑，其红墙上则刻满了各种几何图形。

戈尔戈塔教堂埋葬着拉利贝拉国王，里面放着一张凳子和刻有十字架的挡板，地下还放着一个没有支起来的十字架，据说这些都是国王的遗物。

拉利贝拉的11座独石教堂分成3群，虽然在风格上各有各的特点，但都由地道、涵洞、深沟连为一个整体。

拉利贝拉的独石教堂大约建于公元13世纪，以著名的扎格王朝（公元1181～1221年）在位的君主拉利贝拉的名字命名。

为什么要建造这些工程量巨大的独石教堂呢？这个问题很多年来一直困扰着人们。一种观点认为主要是从安全上考虑，因为采用这种建筑形式便于人们隐蔽，可以防备外敌的入侵；另一种观点认为是出于宗教上的原因，教堂同大地连成一体，把上界和下界连接起来。

不管建造这些工程量巨大的独石教堂的原因是什么，但是这些教堂体现出的古代建筑的高超与卓越艺术这一事实，却不容置疑。

古罗马政治家苏拉退隐之谜

谁不想拥有最高的权力？谁不想处万人之上，君临天下？然而，古代罗马著名的政治家、军事家苏拉在夺得最高权力以后却又自愿放弃。他的突然引退，一直是千百年来人们感兴趣的话题。

苏拉于公元前138年出生在古罗马的一个破落贵族家庭，他自幼喜爱文艺，善于交际。30岁之后，他时来运转，经济状况大为好转，战争中机缘巧合使其成为民族英雄。50岁时，他在元老院的支持下当选为执政官，后来又经过与马略的两次斗争，终于建立了他的独裁统治。苏拉为了终身掌握国家的最高权力，不惜践踏民主传统，强奸民意，威慑元老院，最后终于取得终身独裁官

△ 苏拉雕像

职位，集军、政、财权于一身。苏拉为了确保自己的终身独裁统治，进行了种种"宪政改革"。他取消了民众大会的否决权，削减了保民官的权限，把自己的大量亲信安插在元老院。

可是令人不解的是，苏拉在取得终身独裁统治权的第3年突然宣布辞职，最后竟以一个普通公民的身份到他的一座海滨别墅隐居了。他曾经为争夺最高权力赴汤蹈火，甚至不惜以道德的堕落、国家的灾难和人民的生命为代价，而当他的权势如日中天的时候，他却自愿放弃了这种最高权力，这是为什么呢？

△ 格罗姆油画《恺撒之死》1867年

　　至于引退的原因，苏拉本人没有说。据说，当他决定放弃他的权力时，曾在广场上发表过一次演说。他在演说中提出，如果有人质问他的话，他愿意说明辞职的原因，可是在那种情况下，绝不会有人敢冒着生命的危险去质问他。辞职以后，一个青年曾当面辱骂他，苏拉竟然默默忍受了这个青年的辱骂，但他说过这样一句话："这个青年将使以后任何一个掌握这个权力的人都不会放弃它了。"

　　由于苏拉本人并没有说明引退的原因，人们纷纷猜测。有人说他在3年独裁统治后还政于民是明智之举；有人说他是由于改革无望而急流勇退；有人说他在满足权力欲望后厌倦战争、权力、罗马而向往田园生活；更有人认为是他患了严重的皮肤病，无法亲理朝政而无可奈何地放弃了政权。

　　虽然说人生的价值在于过程而不在于结果，但苏拉由一个"权力狂"一下子转变为笑观花开花落的隐士，这其中的秘密只有他自己才能体会了。

西安小雁塔历经数十次地震而不倒之谜

　　西安小雁塔坐落在陕西省西安市的荐福寺内。小雁塔与大雁塔东西相向，是唐代古都长安保留至今的两处重要的标志，前者因为规模小于大雁塔，并且修建时间偏晚一些，故被而称作小雁塔。

　　荐福寺原来建于唐长安城开化坊内，是唐太宗之女襄城公主的旧宅，初名献福寺，天授元年（690年）改名为荐福寺，是唐长安城中著名的寺院。

　　唐代名僧义净于高宗成亨二年（671年）由洛阳出发，经广州取海道到达印度，历经30余个国家，历时25年回国，带回梵文经书400多部。神龙二年（706年）义净在荐福寺翻译佛经56部，撰著《大唐西域求法高僧传》一书，对研究中印文化交流史有很高的价值。现在荐福寺内仅存有建于唐景龙元年（707年）的小雁塔。

　　小雁塔是密檐式方形砖构建筑，初建时为15层，高约46米，塔基边长11米，南北面各辟一门；塔身从下往上逐层内收，形成秀丽舒畅的外轮廓线；塔的门框用青石砌成，门楣上用线刻法雕刻出供养天人图和蔓草花纹的图案，雕刻极其精美，反映了初唐时期的艺术风格。塔的内部为空筒式结构，设有木构式的楼层，有木梯盘旋而上可直达塔顶。明清两代时因遭遇多次地震，塔身中裂，塔顶残毁，现在仅存13层。由于小雁塔的造型秀丽美观，各地的砖石结构密檐塔大都仿效建造，在云南、四川等地区的唐、宋时期的密檐塔虽各具地方特色，但仍可以看出与小雁塔的继承关系。

　　今天荐福寺内还保存有一口重达一万多千克的金代明昌三年（1192年）铸造的巨大铁钟，钟声洪亮，"雁塔晨钟"被誉为关中八景之一。

　　小雁塔跨越了唐、宋、元、明、清等朝代，在陕西乃至全国所存1300年前的完整建筑中名列榜首。史载大地震曾使该塔3次开裂，又3次复合，尤其

△ 西安小雁塔

是1556年的一次地震，将其由56米的完整高度震为43米的现存高度，但至今塔身并不倾斜，让人惊奇。

那么小雁塔历经1300年，40多米高的塔身经几十次地震，缘何能够安然不倒？这其中有什么奥秘吗？

20世纪60年代，文物工作者对其周边进行勘探，发现在小雁塔塔基四周直径60米左右的地下，由塔外至塔基中心处的夯土层逐渐加深，中心部位是数层青石，上面用砖砌出塔基，同时地面垒了3米高的台基，其正上方才是塔身。

人们目光所及的多是小雁塔的秀美塔身，其地下如同实心锅一样庞大的载体却容易被人忽略。但是，正是地下的庞大载体让它具有如同不倒翁的原理与功能，使其减缓了各种外力尤其是地震时外力的作用，虽经千年风雨而能保存至今。

忽必烈为什么要定都大都（北京）

成吉思汗统一蒙古各部后，便率领蒙古铁骑不间断地东征西讨。成吉思汗四年（1209年）蒙古进攻西夏，围其都城中兴府（今宁夏银川市），迫使西夏求和而去。又攻西辽属国畏兀尔，取得了今新疆乌鲁木齐、吐鲁番和哈密一带。

成吉思汗六年（1211年），蒙古攻取西辽另一属国哈刺鲁，将疆域扩展到今天山巴尔喀什湖以东地。同年秋蒙古进攻金国，不久就攻入居庸关，威胁金的首都中都（今北京市），并攻陷了今山西、河北、山

△ 忽必烈画像

东、河南大批州县。成吉思汗九年（1214年，金贞佑二年）初，蒙古军进抵中都，金宣宗求和，成吉思汗退兵。五月，金宣宗迁都南京。蒙古军再次南下，并在次年二月破中都。成吉思汗十三年（1218年），蒙古军杀乃蛮王屈出律，原西辽的疆域全部由蒙古占领。蒙古军又先后攻下河东（今山西西南部）、河北和山东。至成吉思汗十六年（1221年，金兴定五年），金的黄河以北土地基本上已落入蒙古之手。成吉思汗二十一年（1226年），成吉思汗亲自率军攻西夏，夺取甘、肃等州。次年六月蒙古灭西夏，七月，成吉思汗病死在清水（今甘肃清水县）行营。

他的儿子窝阔台汗（元太宗）继位后，继续对金进攻，并与南宋议定南

北夹击。窝阔台汗六年（1234年，金天兴三年，南宋端平元年）正月，蒙、宋军破蔡州（今河南汝南县），金哀宗自杀，末帝死于乱军，金亡。同年窝阔台就与臣下议定攻宋，蒙古军袭败北上宋军。此后，灭宋的军事行动持续了40多年，在长江上游的四川、中游的襄阳（今湖北襄樊市）和淮河中游，战争进行得尤其激烈。蒙哥汗（元宪宗）二年（1252年），命忽必烈自忒列（今四川宜宾市西）进军，至十二月攻破大理城。四年，大理国王段兴智被擒，大理国亡。

大约在此前的乃马真后三年（1244年），吐蕃宗教领袖八思巴的叔父萨思迦班智达曾会见过蒙古的大将阔端，表示愿意接受蒙古大汗的管辖，但一部分吐蕃贵族不愿服从蒙古。因此在灭大理后，蒙古军进入吐蕃，镇压了不服从的贵族，完全控制了吐蕃地区。

在攻占襄阳和夺取了四川大部以后，元世祖忽必烈于至元十一年（1274年，宋成淳十年）下诏伐宋，发动全面进攻。至元十三年（1276年，宋德佑二年）正月，元兵逼近南宋首都临安（今浙江杭州市），宋廷奉表投降。尽管文天祥、张世杰等在南方继续抵抗，但终于回天无力，到至元十六年（1279年，宋祥兴二年）庄山（今广东新会市南海）战败，宋朝的残余势力也覆灭。

成吉思汗时，蒙古还没有固定的首都。窝阔台汗七年（1235年），在今蒙古国鄂尔浑河上游后杭爱省厄尔得尼召北哈尔和林建都，称喀拉和林，简称和林。蒙哥汗六年（1256年）忽必烈在今内蒙古正蓝旗东闪电河北岸营建宫室城郭，忽必烈汗中统元年（1260年）在此即位，称开平府，中统四年升为上都。

1264年8月，刘秉忠建议忽必烈定都燕京，忽必烈马上就赞同了，下诏修治宫室城池，作为中都，这个时候的中都已经事实上成为忽必烈的政治中心了。

到了至元四年（1267年）在金中都城（今北京）东北另筑新城，至元九年（1272年）改称大都，成为元朝的首都。

忽必烈为什么要定都大都城，史学界一直争论不休。

△ 元大都土城遗址

有一种观点认为忽必烈迁都是北方少数民族封建化的结果，迁都是考虑到了经济上的原因，这种观点一直存在于史学界中。

还有一种观点认为，忽必烈早在蒙哥汗时，就经营漠南，培植了强大有力的汉族政治、军事、经济力量。还未登位时，大臣霸突鲁就说："幽燕之地，龙盘虎踞，形势雄伟，南控江淮，北连朔漠。且天子必居中以受四方朝觐。大王果欲以营天下，驻跸之所，非燕不可。"所以迁都之议从即位不久即已经开始。之后，忽必烈由于自己在蒙古贵族中的威望减弱，从有效控制中原之地考虑，于1272年正式迁都。忽必烈自己也说："朕居此以临天下，霸突鲁之力也。"这也说明了迁都是考虑了很长时间的。

无论是什么原因，忽必烈迁都大都，它的影响无疑是长久而深远的，时至今日，北京城还大量残留着元大都时期的城市轮廓和历史记忆，今天的人们还能从元大都的遗址中感悟到当时的繁华与荣耀。

朱元璋是如何确定定都南京的

南京自2470年前建城起，历经朝代更替，曲折坎坷，仅城市名称就有过金陵、秣陵、扬州、丹阳、江乘、湖熟、建业、建康、江宁、升州、白下、上元、集庆、应天、天京等40多次更改，建置演变频繁为国内罕见，其间经历过中国历史上的风风雨雨。

境内文物古迹众多。越城、金陵邑遗址、六朝陵墓石刻、南唐二陵、明代城墙等大批历史足迹，显示出强烈的古都特色。城市风景秀美，东南山峦起伏，西北江水环绕，城内绿树成荫，四十八景风光迷人，民俗风情引人入胜。南京历史人物众多，春秋时代的吴王孙寿梦、越王勾践、西汉开国大将韩信、三国吴王孙权、南唐后主李煜、南宋名将岳飞、明代开国皇帝朱元璋、太平天国首领洪秀全、民主革命先驱孙中山等都曾在南京留下深深的历史印迹。

南京，作为一个王朝的都城，无论在六朝，还是在南唐，都只是以偏安一隅的形象出现。从明朝开始，南京才第一次成为大一统王朝的帝国首都，成为全国的政治、经济和文化中心。

正式定都南京之前，朱元璋和他的大臣也曾考虑过在其他城市建都，比如汴梁（今开封）、洛阳、长安（今西安）等。那么是什么吸引了朱元璋，让他把首都定在南京的呢？

从财政经济方面来看，宋元时期中国的经济中心和重心已经逐渐南移，"天下财富出于东南，而金陵为其会"。宋元以后，中国的文化中心也已经转移到南方来。然而南京偏于东南，又有长江之隔，对控制全国极为不利。为解决南京地域上的缺陷，朱元璋开始考虑在南京北边临近中原的地方建座都城。

此时朱元璋想到了自己的家乡凤阳。洪武二年（1369年）九月，朱元璋正式下诏以凤阳为大明的中都。但到洪武八年（1375年），朱元璋突然宣布停止中都的营建。关于停建原因，历来莫衷一是。《明史》中说是刘伯温认为凤阳地理形势不佳，实际的原因可能是，朱元璋在中都的营建中看到了乡党势力对皇权的潜在威胁。在营建中都的决策过程中，赞成的几乎都是跟随朱元璋从凤阳一带出去打天下的文臣武将，朱元璋感到，一旦正式在这里建都，这些淮西功臣就会利用家乡盘根错节的宗族、乡里关系拼命地扩大其个人势力，从而对他和他的皇权构成威胁。

洪武十一年（1378年），朱元璋正式下诏，以南京为京师。然而都城一事并未尘埃落定。时隔10多年，也就是洪武二十四年（1391年），朱元璋又开始考虑迁都。

南京虽定为都城，但中国的政治中心一直在北方，建都南京有偏安性质；元朝残余势力仍虎视中原，伺机南下，建都南京有鞭长莫及的感觉；明故宫是填燕雀湖而成，地势下沉，朱元璋认为这对子孙后代不利。

洪武二十四年，年近古稀的朱元璋派太子朱标前往关中地区，考察长安。然而朱标一路车马劳顿，回来以后竟一病不起，第二年就辞世了。悲痛欲绝的朱元璋便打消了迁都的念头。在太子去世的那年，朱元璋在《祭光禄寺灶神文》中，表达了自己万般无奈的心情："朕经营天下数十年，事事按古就绪。惟宫城前昂后洼，形势不称。本欲迁都，今朕年老，精力已倦，又天下初定，不欲劳民。且兴废有数，只得听天。唯愿鉴朕此心，福其子孙。"

虽然没有迁都，但朱元璋在位期间，对定都南京可能带来的负面影响，还是作了适当补救。例如针对历代北方少数民族的南下问题，朱元璋作了一系列的布置和预备：明军北伐，赶跑了元顺帝，让大将徐达镇守北京。徐达死后，朱元璋又派自己的四儿子朱棣驻守北京。

令朱元璋万万没有想到的是，在他死后，四儿子朱棣起兵造反，用了4年的时间打到南京，从朱元璋的孙子——建文帝朱允炆手中夺取了天下，最终将大明王朝的都城迁到了北京。

张骞为什么要出使西域，其过程如何

"西域"一词，最早见于《汉书·西域传》，是和张骞的名字分不开的。

西汉时期，狭义的西域是指玉门关、阳关（今甘肃敦煌西）以西，葱岭以东，昆仑山以北，巴尔喀什湖以南，即汉代西域都护府的辖地。广义的西域还包括葱岭以西的中亚细亚、罗马帝国等地，包括今阿富汗、伊朗、乌兹别克斯坦，至地中海沿岸一带。

西域以天山为界分为南北两个部分，百姓大都居住在塔里木盆地周围。西汉初年，有"三十六国"：南缘有楼兰（鄯善，在罗布泊附近）、菇羌、且末、于阗（今和田）、莎车等，习称"南道诸国"；北缘有姑师（后分前、后车师，在今吐鲁番）、尉犁、焉耆、龟兹（今库车）、温宿、姑墨（今阿克苏）、疏勒（今喀什）等，习称"北道诸国"。

此外，天山北麓有前、后蒲类和东西且弥等。它们面积不大，多数是沙漠绿洲，也有山谷或盆地。人口不多，一般两三万人，最大的龟兹是八万人，小的只有一二千人，居民从事农业和畜牧业。除生产谷物以外，有的地方，如且末又盛产葡萄等水果和最好的饲草苜蓿。畜牧业有驴、马、骆驼等。此外，还有玉石、铜、铁等矿产，有的地方居民已懂得用铜铁铸造兵器。天山南北各国，虽然很小，但大都有城郭。各国国王以下设有官职和占人口比重很大的军队。

西汉后元三年（公元前141年），汉景帝刘启死。第2年春天，太子刘彻当了皇帝，这就是大家所熟悉的少年英俊、雄才大略的汉武帝。这时候的西汉王朝，经过长达40年的"文景之治"，人民休养生息，社会经济得到恢复和发展，军事势力也大大加强。这时候汉武帝开始有时间和精力来考虑几十年来汉朝政府屡遭匈奴人欺凌和侵扰的问题。原来在很久以前的河西走廊——敦煌一带，曾经居住一个强大的部落，叫做大月氏（读大肉孜）。大月氏建立的是一个游牧国家，人民生活安定，社会风气淳朴。后来，匈奴人用武力征服了这个国家，并残酷地杀害了大月氏国王。大月氏人势单力薄，只得怀着国破家亡的深仇大恨向西迁逃，他们起初迁至伊犁河一带居住，后来又移到阿富汗东北部居住。

汉武帝经过慎重考虑之后，决定下一道招贤榜，募天下的仁人志士出使西域去联络大月氏人，劝说他们迁回故乡，以便共同抗击匈奴。招贤榜贴出以后，有一名年轻的小官吏前来揭榜应召。汉武帝传令召见，只见此人虽然相貌平常，但两眼炯炯有神，眉宇中流露出胆识和豪气。对于汉武帝的问话，他侃侃而谈，对答如流，这个人便是张骞。汉武帝心中十分高兴，决定派遣张骞担任出使西域的使节。在张骞的极力推荐下，汉武帝还任命了一名叫甘父的勇士做张骞的助手。甘父从小生活在北方草原，对于匈奴和西域各国的语言及风俗人情都十分了解，而且为人忠诚，勇猛刚毅。

临行时，汉武帝赐宴为张骞和甘父送行。并且准备了马匹、骆驼等以载运路上的给养和送给大月氏国王的礼物，还挑选了100多壮士作为随行。张骞带队离开长安以后，出陇西，过敦煌，日行夜息，不久便进入匈奴地界。举目远眺，只见黄沙滚滚，遮天蔽日，同长安相比简直是两个天地：一个繁华富庶，充满生机；一个单调贫瘠，死气沉沉。经过几十天的艰辛跋涉，张骞一行人困马乏，带的饮水早已喝完，在干渴难耐的情况下他们忍痛杀了几匹马。以马血解渴，但也是杯水车薪，无济于事。饥渴造成的疲惫，疲惫带来的停滞，使他们几乎陷于绝境。

真是天无绝人之路，这时前面出现了一片绿洲。当张骞一行欣喜若狂地赶到一眼清泉旁边痛快淋漓地畅饮甘甜的泉水时，却被一队骑兵团团围住。原来，在这里匈奴人设下了埋伏，张骞等不幸遭捕。当匈奴单于知道他们是汉朝的使者，准备联络大月氏人时，显得又惊又喜。惊的是汉朝政府此举一旦成功，自己将处于东西夹击的不利形势，后果不堪设想；喜的是张骞一行已成了自己的阶下囚。贪婪的匈奴单于把张骞所带财物全部扣下，并将他的随行人员分到各个部落去当奴隶。张骞和甘父被扣留在匈奴单于身边，不断地被提审盘问，但张骞一问三不知，几个月过后，匈奴人无可奈何，最后想出了一个软硬兼施的诡计。

匈奴单于命令部下把张骞和甘父押送到匈奴西边的游牧地区，交给一名部落首领，表面上对他俩以礼相待，暗地里则严加看管，还指派一名美女给张骞当了妻子。光阴似箭，日月如梭，不知不觉3年过去了。张骞时刻没有忘记自己的神圣使命。他每天除了读书，便四处打猎，当然每次外出，都有几十名匈奴兵随同，名义是陪伴，实际是监视。匈奴部落首领见到这种情景，以为张骞已被酒色迷惑，因此放松了对他的看管。张骞也就借此机会使每天游猎的范围越来越大，他还让甘父把每次游猎所到之处的山形水势、地形实物、方位道路等都一一记在心里。有一次，他们外出打猎，故意迷失方向，黑夜只好露宿于荒野。一日的颠簸劳累，监视他们的匈奴骑兵困饿至极，一个个躺下便鼾声大作，沉沉入睡。张骞和甘父趁机跨马飞奔，终于逃出了囚禁他们3年之久的魔窟。

为了避免匈奴人的追捕，张骞和甘父逃出后昼伏夜行，历经艰险，经过几十天的奔波，进入大宛国境地。大宛国是个农业国家，人口一二十万，并出产骏马和葡萄美酒，人民生活比较富裕。大宛国早就听说西汉王朝地大物博，繁荣昌盛，想和汉王朝建立联系。看到张骞到来，真是喜出望外，就以优礼相待。休息了几天以后，大宛国王还为张骞等准备了骏马，并派人直接护送张骞到了康居国。康居国在大宛国和大月氏之间。同这两个国家都保持着友好关系。康居国王见到张骞也非常高兴，盛情款待了几天以后把他们又护送到了大月氏国。

大月氏国自从被匈奴攻破，举国西迁以后，选中了一块土地肥沃、水草丰美的地方重建了家园。他们以游牧为主，畜群兴旺，人民也安居乐业。因为老国王被匈奴人残杀，王子年幼，国王由王后担任。张骞拜见了这位女王，向她说明了来意及汉王朝的希望，但是大月氏女王却没有当即表态。原来大月氏西迁以后，由于和汉朝相距遥远，音信不通，加上年复日久的安乐生活，使他们迷恋于眼前安逸，报仇复国的心情也慢慢淡漠起来。

△ **敦煌壁画描绘的张骞出使西域图**

张骞在大月氏国逗留了好几个月也没有得到女王的明确答复，只好到邻近的大夏国又游历了几个月，回来以后仍没有具体回音。一年多后，张骞和甘父怀着怏怏不快的心情离开了大月氏。在回归的路上，张骞一行选择了南面的道路。他们翻越葱岭，过莎车，经于阗和楼兰国到了羌地，但不幸又被匈奴人抓获。匈奴人把张骞又押送到原来看管他的那个部落，更加严密看管。一年以后，匈奴单于病死，匈奴国内王公贵族争权夺势，张骞和甘父利用这种混乱局势，寻找机会又逃出了魔掌。后来经历千山万水戈壁荒漠，终于回到了汉朝。

张骞这次出使西域，往返13年，走的时候率领了100多人，回来时仅剩了他和甘父两个人。为了打通通往西域的道路，张骞和甘父等人付出的代价是巨大的！这次西行虽然没有达到预期目的，但是终于打开了西行的途径，使处在匈奴铁蹄下的西域各国都知道了强大的汉朝并没有忘记他们，这对于当时和以后都具有不可低估的作用。

张骞第一次出使西域，含辛茹苦13年，风尘仆仆回来以后，汉武帝马上召见了他。武帝仔细听取了他在西域传奇般的经历和所见所闻，深为他那忠于汉朝、历经磨难而不悔的精神所感动，便任命张骞为大行，这是个负责接待外国使臣的重要职务。汉武帝还考虑到张骞对西域地区广见多识，又封他为博望侯。

元狩四年（公元前119年），张骞第2次奉派出使西域。这时，汉朝也已控制了河西走廊、积极进行汉武帝时对匈奴最大规模的一次战役。几年来汉武帝多次向张骞询问大夏等地情况，张骞着重介绍了乌孙到伊犁河畔后已经与匈奴发生矛盾的具体情况，建议招乌孙东返敦煌一带，跟汉共同抵抗匈奴。这就是"断匈奴右臂"的著名战略。同时，张骞也着重提出应该与西域各族加强友好往来。这些意见得到了汉武帝的采纳。

张骞率领300人组成的使团，每人配备两匹马，带领牛羊万头，金帛货物价值"数千巨万"，到了乌孙，游说乌孙王东返，没有成功。他又分遣副使持节到了大宛、康居、月氏、大夏等国。元鼎二年（公元前115年）张骞回来，乌孙派使者几十人随同张骞一起到了长安。此后，汉朝派出的使者还到过安息（波斯）、身毒（印度）、奄蔡（在咸海与里海间）、条支（安息属国）、犁轩（附属大秦的埃及亚历山大城），中国使者还受到安息专门组织的两万人的盛大欢迎。安息等国的使者也不断来长安访问和贸易。从此，汉与西域的交通建立起来。

元鼎二年，张骞回到汉朝后，拜为大行令，第2年死去。他死后，汉同西域的关系进一步发展。元封六年（公元前105年），乌孙王以良马千匹为聘礼向汉求和亲，武帝把江都公主细君嫁给乌孙王。细君死后，汉又以楚王戊孙女解忧公主嫁给乌孙王。解忧的侍者冯镣深知诗文事理，作为公主使者常持汉节行赏赐于诸国，深得尊敬和信任，被称为冯夫人。由于她的活动，巩固

　　和发展了汉同乌孙的关系。神爵三年（公元前60年），匈奴内部分裂，日逐王率人降汉，匈奴对西域的控制瓦解。汉宣帝任命郑吉为西域都护，驻守在乌垒城（今新疆轮台东北），这是汉朝在葱岭以东，今巴尔喀什湖以南的广大地区正式设置行政机构的开端。

　　匈奴奴隶主对西域各族人民的剥削、压迫是极其残酷的。西汉的封建制度，较之匈奴的奴隶制度要先进得多。因此，新疆境内的各族人民都希望摆脱匈奴奴隶主的压迫，接受西汉的统治。西汉政府在那里设置常驻的官员，派去士卒屯田，并设校尉统领，保护屯田，使得汉族人民同新疆各族人民的交往更加密切了。

　　汉通西域，虽然起初是出于军事目的，但西域开通以后，其影响远远超出了军事范围。从西汉的敦煌，出玉门关，进入新疆，再从新疆连接中亚细亚的一条横贯东西的通道，再次畅通无阻。这条通道，就是后世闻名的"丝绸之路"。"丝绸之路"把西汉同中亚许多国家联系起来，促进了它们之间的经济和文化的交流。由于我国历代封建中央政府都称边疆少数民族为"夷"，所以张骞出使西域成为汉夷之间的第一次文化交融。西域的核桃、葡萄、石榴、蚕豆、苜蓿等十几种植物，逐渐在中原栽培。龟兹的乐曲和胡琴等乐器，丰富了汉族人民的文化生活。汉军在鄯善、车师等地屯田时使用地下相通的穿井术，习称"坎儿井"，在当地逐渐推广。此外，大宛的汗血马在汉代非常著名，名曰"天马"，"使者相望于道以求之"。那时大宛以西到安息国都不产蚕丝，也不懂得铸造铁器，后来汉朝使臣和散兵把这些技术传了过去。中国蚕丝和冶铁术的西进，对促进人类文明的发展贡献甚大。

　　张骞出使西域本为贯彻汉武帝联合大月氏抗击匈奴之战略意图，但出使西域后汉夷文化交往频繁，中原文明通过"丝绸之路"迅速向四周传播，恐怕是汉武帝所始料不及的。因而，张骞出使西域这一历史事件便具有特殊的历史意义。

乾隆皇帝为何六下江南

乾隆皇帝在位60年，曾6次南下巡视。他在《御制南巡记》中说："予临御五十年，凡举二大事，一曰西师，二曰南巡。"乾隆帝把南巡作为他生平最重要事功之一。他6下江南，开支浩繁，成为乾隆中叶国势渐衰的原因之一。

1735年，雍正帝驾崩。宝亲王弘历即位，是为清高宗，年号乾隆，所以又称乾隆帝（1736～1795年在位）。

乾隆帝是一位颇有作为的帝王，他登基之后，勤于政务，十分关注各地的农业和手工业生产。为稳定政治，每隔一两年，乾隆帝都要到全国各地出巡，察看沿途地方的治理状况。从1751年到1784年，乾隆帝先后6次巡游江南。

乾隆帝每次下江南，都十分重视水利工程的建设。他在视察淮河时，发现原有的土堤不安全，就下令马上维修，并亲自画出图样。南巡要经过山东、江苏、浙江3个省，乾隆帝多次减免三地的赋税。他还巡视农田和织造机房，鼓励农桑。南巡所经之处有岳飞、韩世忠、于谦等历代先贤的陵墓和祠堂，乾隆帝每次都要派官员前去祭扫。他还亲自出席了对大禹陵、周公庙、孔庙以及明太祖陵的祭奠，破格赏赐江南600多人进士及第的资格，给沿途来迎驾的老臣提升官爵。这一系列做法，都起到了笼络汉族人心的作用。

但南巡也有很多弊端。自北京到杭州，每次往返近6000里（约3000千米），巡幸的队伍乘坐大小船只千余艘。单单是皇帝和后妃乘坐的5艘大船，就要征调3600名纤夫。他们使用的帐篷、器物、用具和衣饰等，共动用6000匹马、400辆骡马车、800只骆驼，并征调近万名夫役进行搬运。巡幸所至，地方文武官员不仅着朝服接驾，而且大肆铺张，修行宫，搭彩棚，办筵席，并进献大批山珍海味、土产方物。就连饮水，也从远处取来著名的泉水，如在山东境内取用济南珍珠泉水，在江苏境内取用镇江山泉水，在浙江境内取用虎跑泉水。巡行队伍路过的繁华街市，均搭建牌楼、彩棚、点景、香亭。扬州的平山堂原本没有梅花，为迎接乾隆帝的第一次南巡，盐商竟捐资植梅两万株。大虹园原本无塔，乾隆帝游玩时说："此处颇似北海之琼岛春阴，惜无塔耳。"大盐商江春就用万金贿赂乾隆帝的近侍，得到北海白塔的图样，令工匠仿造，"一夜而成"。

△ 乾隆皇帝戎装画像

乾隆帝6次南巡，耗费的人力财力简直无法计数。正是这种奢侈浪费，使原本殷实的国库变得空虚，吏治逐年腐败。乾隆末年，清王朝开始走上了由盛转衰的道路。

乾隆帝几次南巡，对江南的楼阁园林爱羡不止。巡游之后，乾隆帝在避暑山庄和京城内外，广建园囿。南巡时所见苏杭等地的楼台景物，依样重建于园中，以便随时游赏。自乾隆帝初次南巡以来，京城内外园囿的修建，连年不断，其规模之大与持续时间之久，为历史上所罕见。乾隆帝是历史上最善游乐的皇帝，也是修建园囿最多的一位皇帝。把江南景观移建于北方，有助于南北园林建筑艺术的交流，但也和南巡一样，兴师动众，劳民伤财。

乾隆皇帝如此兴师动众南往北返，其目的何在？

有论者以为，乾隆帝"艳羡江南，乘兴南游"，故游玩享乐是其主要动机。乾隆帝乃太平之君，骄奢靡费，习以为常。当时江宁、扬州、苏州、杭州等城市，人口稠密，物产丰盈，经济繁华，且名胜颇多，景色迷人，他为

"眺览山川之佳秀，民物之丰美"而6下江南。

另有传说，雍正帝曾以女儿与海宁陈氏儿子相换，此男儿即后来之乾隆帝，故乾隆帝实为海宁陈氏之子。他即位后对自己的身世发生怀疑。所以南巡的重要目的之一，是去浙江海宁陈家访查，搞清自己出身真相。他6下江南，4次亲临陈家，升堂详问家世，临走时还令把中门封闭，并说：以后不是皇帝临幸，此门不得开启，从此这门一直关闭着。不过，此说可信度较低。

还有学者认为，乾隆帝南巡目的决不会如此简单。他6下江南的活动，除游名胜、寻享乐外，还着眼于社会政治、经济之大端。东南地区号称财富甲于天下，是清政府财政命脉所系，维持这一地区的安定很重要。但明末清初，江浙一带反清斗争相当激烈，以后还发生不少文字狱，而且黄淮水患频繁，浙江海塘告警，南方潜伏着严重的社会危机。面对这样的局面，乾隆帝相信自己的"天子圣明"、"乾纲独断"，希望通过南巡解决上述社会问题。于是，他5次阅视黄淮治理工程，4次亲勘浙江海塘，指示清理杭州西湖，多次到曲阜祭孔，到文庙行礼，到书院临视，奖励文学，优礼高年，眷顾旧属，慰赐各级官员，致祭历代先贤勋臣忠烈祠墓，奖饰豪富商人，颁布体恤民情的法令，检阅军队等，以达到督促水利，笼络各级官员，维系民心，整饬武备的目的，从而稳固清朝的统治地位。

还有人认为，乾隆下江南是由于心腹大臣和珅鼓动的。一次，主仆二人说起江南的秀丽风光、繁华都市，乾隆皇帝道："朕也想重游江南。但顾虑南北迢遥，劳民伤财，朕所以未决。"和珅言道："圣祖皇帝6次南巡，非但未招致民怨，反而被颂为圣君。古来圣君，莫如尧舜，《尚书·舜典》上也说五载一巡狩，可见自古巡览就是胜典。但凡圣君，道本相似，何况国库殷实，金银充实，区区巡游不会耗费多少库银。"和珅这一席话，正好逢迎了乾隆皇帝效仿先祖、学尧舜的喜好，乾隆遂降旨南巡。和珅亲自为皇上监督龙舟等南巡的设施，华丽奢靡之极，库银被和珅如流水般挥霍掉了，和珅也由此更得到了乾隆的宠信。

乾隆帝下江南规模大，次数多，其目的可能不是单一的，或许前次与后次的目的就有不同的侧重点，这确实是一个谜！

袁崇焕被杀之谜

袁崇焕，明朝著名军事家。字元素，广东东莞人，万历年间进士。明天启二年（1622年）单骑出山海关，经过实地考察军事形势，回京奋勇自请守辽。筑宁远（今辽宁兴城）等城。多次击退后金（浠）军的进攻，天启六年（1626年）获宁远大捷，致使努尔哈赤受伤死。授辽东巡抚，以后又获宁锦大捷，皇太极大败逃走。被崇祯帝任为兵部尚书，督师蓟辽。

袁崇焕的才能，充分体现在军事方面。可以说，他是明末最善于与后金军队作战的明军将领。他是一名文臣，却能够在天启六年就做上了肩负东北防务重任的辽东巡抚，这充分说明了他拥有卓越的军事才能。曾经向思宗（也就是崇祯皇帝）推荐过袁崇焕的官员吕纯如对袁崇焕有"不怕死，不爱钱"的评价。这也就决定了他必然能够取得士兵拥戴，袁崇焕的军队在明末也就成为最能作战的军队。

从万历四十七年（1619年）的萨尔浒之战后，在明军与后金军队的力量对比中，后金军队明显占据优势。宁远一战，袁崇焕用新式武器红方大炮胜了一次，暂时使辽东战局在天启六年出现转机。但是，袁崇焕很快被魏忠贤罢免。思宗即位后，在处理完魏忠贤一事之后，便全力应付辽东战局，天启七年（1627年）11月重新召回了袁崇焕。次年元月，任命袁崇焕督师蓟辽，兼督天津军务，等于是将辽东的防务全部委托给了袁崇焕。

然而仅仅3年过后，崇祯三年（1630年）3月16日的下午，袁崇焕便在京城的西市被凌迟处死，然后传首边关示众。这可说是思宗统治期间最大的冤案。袁崇焕的死，直接改变了明王朝与后金的力量对比，为清军最终入关埋下了伏笔。

历史学家对袁崇焕之死有过许多解释，例如袁崇焕"五年平辽"的夸夸其谈、擅杀毛文龙、党争的后遗症、皇太极的反间计，应该说这些恐怕都是致袁崇焕于死地的重要原因。但是，杀袁崇焕的决定，毕竟是由思宗亲自做出，而且立即派刑部侍郎涂国鼎前去执行，更可怕的是实行了非常残忍的凌迟之刑。

那么，究竟是什么原因促使思宗杀袁崇焕呢？

传统的说法认为，因崇祯帝中了后金的反间计，以为袁崇焕与后金有密约，故意引后金兵进围北京，所以下令逮捕袁崇焕，并于1630年将袁处死。因此，崇祯帝杀袁是误杀。

但也有研究者认为，崇祯帝杀袁崇焕并非误杀，而是蓄意。杀袁崇焕的真实原因，是崇祯帝担心袁崇焕及东林党人妨碍其专制皇权，袁崇焕成了皇权与大臣之权冲突的牺牲品。明朝后期太监专权，崇祯帝即位后，除掉魏忠贤阉党，起用东林党人，但当阉党对皇权威胁减弱时，崇祯帝又着力削弱大臣势力，从依靠东林党回归到倚用阉党群小残余。袁崇焕崛起于这种环境下，成为阉党余孽倾陷的对象。他为人耿直、豪放，敢说敢为，且主持整个对后金战局，权势颇重，偏偏崇祯帝猜忌心极强，专权欲极盛。因而袁崇焕只要稍有不慎，必会惹上杀身之祸。袁崇焕杀明辽东悍将毛文龙，先斩后奏，就是一大不慎，事后他悟道："文龙大帅，非臣所得擅诛。"而崇祯帝"骤闻，意殊骇"。明末史家谈迁说，崇祯帝因为正期待袁崇焕"五年复辽"，故暂时容忍袁目中无君之举，但暗中采取了不少监视牵制措施。至"己巳之变"，后金兵大举入犯，围北京城，崇祯帝感到靠袁崇焕复辽已无望，赖以维系君臣依存关系的支柱消失了。此时，后金施反间计，内廷阉党捏造袁崇焕引敌协和、擅主和议、专戮大帅3大罪状，崇祯帝有足够的时间辨明是非。有史实表明，反间计、诬告皆瞒不过崇祯帝，都不足以置袁崇焕于死地。但崇祯从巩固皇权、防止大臣结党这一目标出发，决定杀袁崇焕，并彻底摧毁东林党势力。

因此，这种观点认为，反间计只是促使崇祯帝逮袁下狱，而杀袁崇焕的真正动因乃是为维护专制皇权。

日本遣唐使之谜

从7世纪初至9世纪末约两个半世纪里，日本为了学习中国文化，先后向唐朝派出十几次遣唐使团。其次数之多、规模之大、时间之久、内容之丰富，可谓中日文化交流史上的空前盛举。遣唐使对推动日本社会的发展和促进中日友好交流作出了巨大贡献，结出了丰硕的果实，成为中日文化交流的第一次高潮。

4世纪中叶，大和朝廷大体上统一了日本列岛，日本国王曾多次向中国南朝政权遣使朝贡，并请求授予封号。公元589年，隋朝统一了中国，结束了自东汉末年以来中国近4个世纪的分裂动乱，社会经济文化迅速发展。

当时日本正是圣德太子摄政，他励精图治，锐意改革。为了直接吸取中国的先进文化，圣德太子先后向中国派出了4次遣隋使（公元600年、607年、608年、614年），这是中国和日本作为两个统一国家正式交往的开始，也是日本统治者采取主动积极态度，派遣大型文化使团直接吸收中国先进文明的开端。遣隋使可以说是后来遣唐使的先驱。

公元618年，唐朝取代隋朝。日本人凭借地理位置的优势，络绎不绝地前往唐朝，政府正式派出的"遣唐使"数目也大大增加，达到了空前频繁的程度。唐太宗李世民在公元630年刚刚即位那一年，以太上御田秋为首的日本第一次遣唐使到达长安。从此，日本连续不断地派遣遣唐使。从公元630年到894年的200余年间，日本政府共向唐朝派出19次遣唐使，其中有两次受阻而未成行，有一次是为了迎接前次遣唐使回国，有3次为护送唐朝使节回国。所以，实际算来日本正式委派并到达唐朝的遣唐使应为13次。即使这样，也可看出日本遣使往来的频繁。那么，日本为什么要向唐朝派遣这些人员呢？

中国古代经济文化在唐朝发展到了空前鼎盛时期，南洋、中亚、波斯、印度、拜占庭、阿拉伯各地大小国家纷纷派遣使节和商人前往唐朝学习唐朝的先进文化，经营中国的丝绸、瓷器及各种工艺产品。

相比之下更有地理优势和进取精神的日本人更不会落后，为了学习中国的治国经验和文化制度，天皇政府才派大批使臣、学者到中国参观学习。在日本史书上遣唐使又称"西海使"或"入唐使"。遣唐使团初期规模较小，通常每次仅有一两艘航船，每艘航船大约载120人，后来使团的规模逐渐扩大，每次使用4艘航船，团员达500余人。因为遣唐使团通常都是4艘航船一起拔锚起航，又一起扬帆归来，所以日本的文学作品往往把遣唐使称为"四舶"。遣唐使团由政府使官、学习访问人员和航海工作人员组成。

日本政府对派遣遣唐使极为重视。所有使团人员均经精挑细选而出，凡入选使团者一概予以晋级，并赏赐衣物。政府还对赴唐学习人员给予优厚待遇，一般的船员免除徭役，使团官员予以一定程度的资助，希望他们学有成就，回国效力。在使团起航前夕，要举行隆重的"拜朝"典礼谒拜天皇。天皇向正副使节赐予"使节刀"，接下来举行饯别宴会。甚至有时会专门准备唐朝筵席。

日本遣唐使极大地促进了中日之间的经济文化交流，但当时经济文化主要是由唐朝流向日本。唐朝的工艺美术、生产技术、文史哲学、天文数学、建筑学、医药学、衣冠器物、典章制度等都陆续传到了日本。近几年来还曾在日本发现数万枚"开元通宝"。日本受中国文化影响很深，至今，日本民俗风情和生活习惯中仍然保留着浓厚的中国古代文化痕迹。

值得注意的是，日本遣唐使到中国的目的仅仅是为经济文化交流和"学习"吗？日本对中国的野心由来已久，有人认为日本对中国窥伺就是从派遣唐使时开始的；还有人认为遣唐使与元、明时期的倭寇有联系，因为当时限于本国实力和惧怕唐朝国力而由"寇"转为"使"，冠冕堂皇地出入中国。也许这些猜测都是无中生有，也许确有依据。

不管真实的原因如何，最终的结果是，通过向中国派遣遣唐使，日本确实从唐朝获得了大量的先进经济文化知识，为日本后来的发展提供了有益的借鉴。

美国中情局暗杀卡斯特罗次数之谜

古巴有一位名叫路易斯·巴埃斯的老资格记者，他对美国中央情报局针对古巴革命领导人、现任古巴总统菲德尔·卡斯特罗数百次谋杀未遂事件的史料颇有研究，堪称为一个专家级的人物。

65岁的路易斯·巴埃斯生于哈瓦那，婚后育有3个子女，全家人住在古巴，而且都是卡斯特罗政策的拥护者。他从当记者开始就一直为古巴报刊撰写关于卡斯特罗总统的报道，一直持续了将近42年。在这漫长的时间内，他接触到美国中央情报局的一些解密档案，以及古巴安全局的一些解密档案。多年来通过研究这些档案材料，路易斯·巴埃斯对那些试图谋杀卡斯特罗未遂的事件了如指掌。

有一次，中央情报局曾计划用氰化钾毒死他，后来就把装有氰化钾的胶囊交给一个潜伏在饭店里的特工人员。而卡斯特罗正好有个习惯就是每天夜里都要外出到"希尔顿"饭店（现在的名称叫"自由古巴"饭店）去喝巧克力鸡尾酒。"可是那个可怜的傻瓜把胶囊放到冷藏室里冷藏了起来，等他从冷藏室里取出胶囊以后，里面的毒药已经分解失效了。不过，同其他谋杀相比，这名特工可是离达到目的不远了。"像这类愚蠢的谋杀尝试，从中央情报局解密的档案和古巴内务部安全局的档案中显示，居然高达600多次！

如果平均算下来，43年中平均每个月总有一次。这一平均数字是按照谋杀计划的数量来计算的，因为有些计划连落实的机会都没有，或者有的是没有执行到头就流产了。这些谋杀都是反对古巴革命的绝密行动计划的重要组成部分。

其中最值得一提的尝试，是左派政治家阿连德当智利总统的时候，那次卡斯特罗正在对智利进行一次历史性的访问。中情局安排了一个电影摄影师，准备枪杀卡斯特罗。枪就藏在摄影机里面，可是到最后一刻，那个笨蛋摄影师居然打退堂鼓了，害怕了，最终没敢动手。

另外一次愚蠢的谋杀是中央情报局的一个名叫托马斯·佩劳的特工，这个叫佩劳的年轻人思维非常周密，他所有的计划都是精心编制，可以说他的计划曾让人看到了"除掉卡斯特罗的一线希望"。他预先的计划是派他的手下在古巴岛四处散布"基督二次降临近在咫尺"的消息，同时散布"卡斯特罗反对基督"的流言蜚语，目的很明确，就是让古巴人都举行起义，反对卡斯特罗，并且将把美国潜水艇的枪声定为起义号声，但是最终还是失败了。

还有一次，有人打起了卡斯特罗的雪茄香烟的主意，他们想往他的雪茄烟里注射一种名叫"肉毒杆菌毒素"的毒药，只要一碰到他的嘴唇，卡斯特罗就会马上完蛋。

各种千奇百怪的破坏活动不光是为了要卡斯特罗的命，还有一些是冲着他的声誉和形象去的。有一次，为了让卡斯特罗在讲话时不停地打喷嚏，丢面子，一个愚蠢的肇事未遂者曾经试图往卡斯特罗将要前往讲话的一间播音室里喷洒成分类似LSD的一种液体。

所有的这一切对卡斯特罗来说成了宝贵的经验和磨砺。以至于卡斯特罗亲口说过："我最大的成就是大难不死，我还活着。"

接连不断的谋杀简直占据了卡斯特罗生命中不少的时间。还有一次可算得上所有计划中最愚蠢最下流的一个。中情局有个名叫克里斯·帕登的特工，他制订了一个往卡斯特罗皮鞋上洒脱毛剂的计划。为的是一旦脱毛剂碰到卡斯特罗的大胡子就会使胡子掉个精光。最终他这个滑稽又下流的计划还是没有得逞。

也许，针对卡斯特罗的谋杀还会一直继续，这位老记者42年的职业生涯中经历的只是其中的一小部分。至于到底曾经有过多少次谋杀，未来还会有多少次？也许卡斯特罗自己也说不清楚吧。

列宁遗体保存之谜

在莫斯科红场中央一座金字塔形的花岗岩陵墓中，静静地躺着弗拉基米尔·伊利奇·列宁的遗体。虽然这个社会主义革命的领导人已经逝去多年，但是他的容貌依旧宛若生前。

列宁用他的雄才大略和革命热忱赢得了人民的拥戴，他谱写了俄罗斯历史上史无前例的一页，而且他对整个20世纪的世界也产生了深远的影响。

1924年1月21日清晨，多次中风的列宁撕下一页日历后，忽然感到体力不支，两侧太阳穴剧烈疼痛，便身不由己地倒在了床

△ 列宁

上。18点50分，一代伟人带着最后的遗憾溘然长逝，年仅53岁。

作为无产阶级的革命导师，列宁希望自己的葬礼尽量简朴。美国加州大学洛杉矶分校历史学教授阿彻·格蒂博士说："列宁是一个唯物主义者，无神论者，他根本不相信鬼神。他只希望在死后能安睡在母亲身边。"

然而事与愿违，列宁的逝世让他的人民悲痛万分，人民希望保存他的遗体，供人世代瞻仰。于是苏联的科学家将他的尸体进行了防腐处理。数百万人民不顾莫斯科的严寒，赶来对他表达最后的敬意。

列宁死后被进一步神化。人民把他奉为神明。但列宁也是肉体凡身，防腐剂对他的遗体保存只能暂时起效。列宁死后两个月，他的身体出现了腐烂的迹象。有一部分皮肤变绿了，耳朵也开始萎缩。所有的列宁继任者都知

道，作为政治偶像，他的尸体不能轻易埋葬。于是他们精心挑选了两位尸体防腐方面的专家，在一个秘密实验室里，开始了让列宁永垂不朽的工作。虽然这项任务的压力很大，但当时的政府人员要求专家组一定要圆满完成任务。

4个月后，几位尸体防腐专家用一种独特的办法成功完成了任务。至于这种独特的方法是什么，除非有人愿意告诉世人，否则人们永远不会知道他们的方法。许多专家分析，列宁的尸体曾被浸泡在一种化学混合溶液中，里面可能有保持皮肤柔软的甘油，以及具备杀菌功效的过氧化物。

直到苏联解体，列宁的遗体一直安放在红场上的列宁墓里供公众瞻仰。每隔18个月，遗体就会被重新浸泡到那种神秘的药水里。

在苏联解体之前，为了让列宁永葆生前模样，为了让这具尸体永存，在近70年的时间里，耗去了几乎3代科学家无以估量的精力和心血，苏联政府更是像致力于航天、核武器研究一样不惜工本，不计代价。别的不说，光是为了保证棺内始终保持16摄氏度恒温、湿度不超过70％这一项，便需要由12名生物医学家组成专门实验室进行24小时不间断的护理。防腐秘方的研制也一直属于国家一级机密，尖端科技项目。

苏联解体后，俄罗斯政府不再为护理列宁遗体拨款，"列宁墓实验室"也改名为"全俄药用植物科学生产联合体生物结构医学研究中心"。情况越变越差。目前列宁的遗体仍在继续得到护理，但完全出于一些研究人员、工作人员的自愿。

历史总在变化。随着苏联的解体，列宁的象征意义已经消失。俄罗斯新任领导者曾打算把他埋葬，就像他生前希望的那样。但这在俄罗斯引起了轩然大波。在2000年12月的一次民意测验中，66％的俄罗斯人仍然把他视为20世纪最伟大的人物。在许多普通人的心目中，他依然是一个神。

杨贵妃的荔枝和地理学之谜

"一骑红尘妃子笑，无人知是荔枝来"，这是唐代诗人杜牧的诗句。说的是唐明皇的妃子杨贵妃喜欢吃荔枝，然而荔枝是一种生长在南方的热带水果，而且不耐储藏，几天就会变坏。唐代长安又不能生长这种水果，唐明皇为了博取爱妃的欢心，特意派人快马加鞭，夜以继日地从南方送来新鲜的荔枝让杨贵妃品尝。

这个故事说明了古代君王生活的荒淫奢侈，同时也说明了一个地理现象：每种植物都有它一定的生长分布区域，植物的种类和分布的变化是与一定的气候、土壤、水分条件相一致的，所以植物具有指示作用。可以根据一些植物的出现、繁盛、消亡的变化，识别出当地自然环境的特点，特别是那些对生态条件要求比较严格、对环境变化非常敏感的植物，它们的指示作用就更明显了。比如，我们可以根据树木年轮的生长宽度的变化研究古代气候的变迁；根据地层中植物残体的种类推断过去经历的气候变化。

同样，动物对环境的变化也会作出相应的反应。冷血动物的体温会随着环境气温而变化，热血动物（像人）则保持一定的体温，过冷过热都会自行调整。有些动物因为气候变化而进行长距离迁移，比如候鸟的迁徙。但这种迁移也有一定的气候范围。可见，任何生物都只能在一定的气候条件下生存和繁殖，所以动植物的分布有一定的气候界限。

生物是自然环境中最为活跃的组成要素，它的分布和组成能够为地理学家的研究提供许多有用的线索，于是生物学与地理学结合产生的交叉学科——生物地理诞生了，它研究生物在地表的分布及其生态地理规律，可以为进行生物资源的开发、植物引种、动物放养，以及进行自然保护区的规划等提供依据。

△ 杨贵妃画像

由于植物不能自行迁移，只能靠落叶休眠等方式减少热量和水分的散失，提高对环境的适应能力，所以生长区域相对于动物而言要稳定得多，分布的气候界限也比较明显。而动物则会由于繁殖、觅食、气候变化等原因进行一定距离的迁移。世界陆地上各种主要气候、植被类型具有不同的生态地理条件，动物类群组成和生态特征基本上各不相同，每个带中都有一群代表动物，对这一带的环境有较高的适应性，在数量上也占优势。于是对动物地理和植物地理的研究不大相同，它们构成了生物地理的两大部分。

动物地理中主要有研究不同动物分布区的形成和变迁的历史动物地理；生态动物地理则是对动物分布、扩展与环境之间的相互关系进行研究。

植物地理主要有对历史时期植被的时间发展规律进行研究的历史植物地理，研究植物对于某种环境的适应关系以及这种适应关系所形成的空间分布规律的植物生态地理，还有专门对某一特定地区生长的全部植物种类进行研究的区系植物地理。目前植物地理主要是对陆地上的植被进行研究，而对海洋植物地理的研究则很少。由于海洋与陆地的环境条件差异很大，海洋植物的生活有不同于陆地植物的规律，还有待于进一步开拓和发展。

由于地理条件在各地的差异，除了动物和植物的差别外，对人的生活也有很重要的影响。比如，我国的南方和北方，人的外貌、体形、性格等都有一些明显的差异，这些差异都和地理条件有密切的联系。另外，地理条件还会影响人的身体健康。

在我国水土流失严重的内陆地区，常会看到一些人的脖子非常粗大。有的人脖子粗得如同戴着冬天御寒用的围脖，而有的人脖子上的肉则坠成一个气球一样挂在脖子上。这就是我们常说的大脖子病，在医学上称为"地方性甲状腺肿"。为什么会出现这样的怪病呢？原来，这是因为当地的水土中缺少人体所必需的化学元素——碘造成的。而在某些干旱地区还可以见到氟骨病，也就是骨关节僵硬、疼痛，这种病与大脖子病相反，是由于当地环境中化学元素氟的含量过多引起的。再比如，我国北方常见的克山病，是缺少硒造成的。这些病都被称为地方病，它们的出现与环境有关。由于一些地区的水土中缺少人体需要的某些化学元素，或含有某种不适合人体的化学元素，人们长期饮用这种水，或食用这类土壤中生长出来的农产品，从而导致了某些地方病的发生。

人们发现，可以研究具有区域特征的各种疾病和健康状况的地区差异与空间分布的规律，通过对各种环境因素的分析，指示地理环境因素与区域性疾病的发生、发展及健康状况变化之间的相互关系，以改善环境，控制和防治具有区域特征的各种疾病。于是产生了一门介于医学、地理学和环境科学之间的新的学科——医学地理。

2000多年前，中国著名医学著作《黄帝内经》已经提出"人与天地相应"的医学地理思想，认为由于各地的地形、气候、水文、土壤等地理条件的不同，使得各地居民有不同的生活习惯。由于环境和生活习惯的不同，往往影响到人体的健康状况，产生不同的疾病。近100年来，世界各国学者做了大量医学地理调查，对地方病、流行病、传染病等的地理分布规律及其与外界环境的关系进行了比较深入的研究。第二次世界大战期间，美国、德国等国吸取了历史上战争期间疾病流行使部队人员大量死亡的教训，曾绘制了军事医学地理图，编写了军事医学地理方面的书籍。

研究疾病与地理环境的关系只是医学地理中的一部分。医学地理还包括以研究营养元素及其对健康的影响的地理学问题为主要内容的营养地理：研究一个区域或国家内，地理环境性质对人群疾病和健康的影响，以保证当地居民健康的区域医学地理；研究人群健康状况，以及如何保持环境与人体处于生态"平衡"的健康状态的健康地理；还有用地图反映和揭示疾病和健康与地理环境关系的医学地理制图等等许多方面内容。

刚开始，医学地理主要是研究像伤寒、霍乱、鼠疫、疟疾等各种传染性疾病分布类型、特征及其与地理环境的关系。随着医疗水平的不断提高，这些疾病如今已基本上得到了控制。我国近几十年来在地方性血吸虫病、疟疾、地方性甲状腺肿、克山病等地方病的调查研究和防治方面进行了大量的工作，取得了巨大的成绩，为世界所瞩目。而现在，一些非传染性疾病，如癌症、心血管和脑血管病，已逐渐成为各国医学地理研究的重点。随着工农业的发展，环境污染对健康的危害越来越受到重视，也成了医学地理研究的新领域。随着科学的发展和医疗技术的提高，医学地理又展开了人类健康与环境关系的研究。所以研究医学地理，是一项有利于改善环境，控制疾病，保护人民身体健康的很有意义的工作。

对进化论的质疑之谜

达尔文的进化论已被人们视同解释人类起源的唯一真理，甚至上升到否定达尔文即否定现代科学。然而遗憾的是，考古发现却无法找到足以证明物种进化的完整化石记录，相反，一些证据却提示生命曾经有过一次突变。

本世纪的人们几乎没有不知道达尔文的"进化论"的。他的《物种起源》一书于1859年11月底问世。此后不久，该书连续3次再版。

达尔文的理论认为人类的起源取决于自然选择而不是神的意志，这正好与《圣

△ 达尔文

经》中关于创世纪的记载针锋相对。单是有关人是从类人猿进化而来的这一理论，就不能被当时的人们所接受，而被广泛地嘲讽为"猴子理论"。在与进化论生物学家赫胥黎的一场辩论中，牛津主教韦伯福斯就曾讥讽地问他："那么你究竟是从你的祖父那边还是从你的祖母那边的猴子进化而来的呢？"

的确，达尔文的进化论所包含的内容与宗教是格格不入的。因为根据这一理论，生命只是一个随机的发展过程，其目的只有一个——生存。

达尔文的进化论主要建立在以下两个基本观点之上：

一、自然界常常从结构或功能上随机发生一些细微变化。某些物种在自然选择面前能够显示其优势，就被保留下来，那些不能适应选择的则被淘汰。

二、进化是一个循序渐进、持续不断而又历时长久的过程：过去有，现

在也不例外。这些细微变化经过长时间积累，就会导致新的物种出现。

这一理论的确能够吸引人，它符合逻辑，简单明了，令人觉得简直是不言而喻。因此，不过十几年，达尔文的理论就广泛地获得了科学界人士有力的支持。时至今日，其影响依然长盛不衰。1959年，英国伦敦皇家学院的动物学、心理学教授朱里安·赫胥黎爵士概括了正统科学对这一理论所达成的共识。他声称，达尔文的进化论已经"不再是一种理论，而是一个事实"。1976年，牛津大学的动物学教授理查德·达尔文也同样率直地表达了他的观点："对于今天的人们来说，进化论已经像地球围绕太阳转一样毋庸置疑。"直到1977年，哈佛大学的动物学、地理学教授史蒂芬·吉·古德在他的文章中指出："出土的化石记录并无法为这种进化过程的循序渐进性提供任何佐证"令世界哗然，同时，也向达尔文理论的一个基本观点提出了直接挑战。

1982年，耶鲁大学的地理学教授大卫·辛德勒在著名杂志《自然》上发表文章，指出："在生物的逐渐进化过程中，人们所设想的生物源种与其后代之间所应存在的过渡环节……根本找不到。"

到底发生了什么，难道在关键的时刻大家都眨了下眼，以至于错过了什么吗？

我们原以为关于进化论早已有了盖棺的定论，其实我们错了。生物的起源对于今天的人们来说就像在达尔文时代一样仍是一个谜。

◎物种起源

达尔文认为，任何物种从其原有物种的基础上发展演变都会经历一个长期渐进的过程，在这一过程中会出现无数个过渡形式。他意识到，如果他的理论是正确的，那么这些成千上万个过渡形式肯定存在过。另外，他还意识到，他的理论是否能站得住脚就取决于这些过渡形式是否存在。他写道："那些处于现代生物及灭绝物种之间的过渡环节，数量之大一定令人难以想象。可以肯定的一点是，如果这个理论是正确的，它们就一定在这个地球上出现过。"但他自己也提出了疑问："为什么我们没有发现它们大量地镶嵌于地壳中呢？"他痛苦地意识到，地质断层中确实缺少此类化石的存在。他猜测："答案也许是因为这些化石记录并不像我们所想象的那样完整。"

这一事实一直困扰着达尔文，以至于他在书中用了一整章的篇幅来讨论"地质记录的不完整"。尽管其争辩显得信心十足，他的心中一定还对此存留着相当的不安，以至于他觉得有必要在书中加上一句："将来，这些处于过渡环节的化石一定会被人们发现的。"

地理学家、化石学家也都为他的理论所鼓舞，坚信只要更大范围地搜寻那些含有化石的岩层，就一定能填补这一"不完整"。于是他们费了九牛二虎之力，试图填补化石记录中的空白。令人惊奇的是，历经数年，发掘出了大量的资料，但是他们的努力却还是以失败告终。古德教授指出："过渡物种极其稀少这一事实，一直是化石学这个行业的秘密。"

1978年，古德的同事尼尔斯·爱尔德瑞基教授在接受一次采访时承认："没有人找到过'过渡生物'"、"从化石中根本无法找到这些'缺失的环节'"、"现在越来越多的科学家们相信这些所谓的过渡生物根本就没有存在过"。史蒂夫·辛德勒教授写道："事实上，在化石记录中，我们无法令人信服地找出从一个物种向另一个物种演变过程中所出现的某个过渡形式，一个也没有。而且每个物种存在的时间之长都令人惊奇。例如，从来没有人发现过一个长着中等大小脖子的长颈鹿化石。如果这些化石记录未能显示出人们所料想的过渡环节，那么，它们显示出了什么，又证明了什么呢？"

◎化石记录

正如我们所知道的，化石所记录的生命历史是从地质学家所谓的"寒武纪时期"开始的。这大约可以追溯到5.9亿年前。人们已经从这一时期的早期岩石中发现了一些细微的化石残骸——细菌及一些非常奇怪的生物。它们和之前及之后的生物都不一样，但它们都在不久以后销声匿迹了。这就好像在生命的史书上划了一条清晰的分界线：之前不过是一些热身运动，之后真正的进化才开始，至少可以说有的事情是开始发生了。

这一切多么富有戏剧性，对于动物王国而言，一切都突然开始了。生命的形式不知为什么突然间就变得多姿多彩，生机盎然。科学家们将此归功于5.3亿前的寒武纪大爆炸。

最令人惊奇的是每一种已知的动物形体，不管是动物化石还是至今仍然存在的动物，都是由这里开始的。正是在这一时期，生命选择了其基本的形式，以后也再没有什么大的改变。

更令人不解的是，虽然整个寒武纪时期被认为是持续了8500万年之久，但这些新生命形式的出现却只是1000万年间的事。

也就是说，地球上生命的历史揭示，大约有2%来自于创造，而98%来自于后来的发展。

所有的生命首先被分成两大界：动物界和植物界。若将这两大界再进一步细分的话，则首先分成"门"，这一词来源于希腊语中的"部落"，然后再进一步分成物种及亚物种。

◎动物的分类

动物界一般分成37个门，而所有这些门在寒武纪时期都已经出现。从这一时期开始，生物的进化就已经有了雏形。而在此之前，化石记录中没有任何它们发展的痕迹。没有任何证据说明他们像达尔文理论所说的那样是"进化"过来的。从化石上看，这些生物看起来都发育完备，形体各有不同。

科学家们困惑了。事实上他们注意到，自寒武纪以来，任何生物的进化都不过是在这些生命形式基础上的变异。纽约州立大学的杰弗逊·利维坦教授提出疑问：为什么在古代生物分类就已经如此稳定了呢？他也没有确切的答案。

有一点是毋庸置疑的，从地质层的记录中我们可以看出，这种稳定是普遍存在的。这些化石中的动物或植物出现之后，繁荣了几千年而后又逐渐消失，但它们的基本形态却没有什么大的变化。如果说有变化，也是渐渐的、有限的。这些变化主要表现在体形大小方面：所有的动物或植物都变大了。但我们却并没有看到他们演变成别的什么形式，甚至是一些相似的形式，例如说老鼠从未演变成田鼠，而且麻雀也从未演变成山鸟什么的。

　　而且即使有什么进化，其变异也是十分有限的。今天仍存在于世上的许多生物类别都已经历了很长时间，而在形体上却没有什么显著的变化。这与达尔文进化论中的设想是截然相反的。

　　牡蛎与蚝早在4亿年前就已经存在了，样子和今天没什么两样。腔棘鱼和肺鱼也生存了大约3亿年之久却没有发生显著变化。鲨鱼历经1.5亿年也没什么进化。鲟鱼、鳄龟、鳄鱼、貘在1亿年间形体都保持着相对的稳定性。现代的袋貂与6.5亿年前的样子只有一点细微的差别。第一只龟也是带壳的，就像现在的龟一样。第一条蛇与现在的蛇也几乎没什么两样。蝙蝠、青蛙及蝾螈也一样，都保持了相当的稳定性。

　　难道说进化的过程停止了吗？还是另有其他力量在起着作用？

　　马常被用作证实生物进化的例子。据说5.5亿年前的马形体极小，有四个脚趾，后来进化成了现代的马，并已经存在了大约300万年。关于马的进化史，在博物馆里陈列的、制作精美的、有说服力的图表中几乎随处可见。人们聪明地演示出马的脚趾是怎样逐渐演变成一个，形体又是怎样显著地增大，牙齿又是怎样在咀嚼中发生变化的。

　　但是，专家们现在普遍相信，这一系列所谓的缓慢而又明显的进化过程，从狗一样大小一直进化到今天的马类，从很大程度上来说是不可信的。事实上，根据化石记录，不同马的化石之间也毫无例外地存在许多空白。首先，5.5亿年前的那个种类是由什么进化而来的呢？它自己的祖先就是一个谜。而且这两种马之间也找不到我们所设想的"第二时期马类"。这些都是疑点。

　　我们所拥有的并不是一个完整的发展线条，也不是所谓的马类进化的家族树。我们只不过看到了一个大灌木丛的众多枝节的尖部，至于主干部分还是一无所知。依据设想，不同时期应该有不同的马类物种存在，有的四个脚趾，有的不到四个，有的牙齿偏大，有的牙齿偏小，马的形体也随之变大，变小，然后又变大。但就像我们一贯遇到的问题一样，这中间缺乏过渡时期的物种证据。

　　最后，我们还必须承认，我们所认定的马的祖先与现代的马并没有太大不同。除了脚趾、牙齿以及形体大小的变化外，其他都差不了多少。作为进化论的首要证据，这些变化都显得过于细微。即便一切确是如此，相对于5.2亿年的时间长河而言，这些变化也不算什么。轻率地以此作为生物进化论的证据，与其说是一种科学的行为，不如说是一种信仰。

◎物种的突然起源

化石所记载的历史主要反映了两个特点：第一，正如我们所看到的，动物和植物的形态在出现以后就保持了相对的稳定性；第二，这些生命形式都是以突然的方式出现，随后又以同样的方式突然消亡。

当新的生命形式在化石记录中出现时，人们找不到与之相对的原种，而当它们突然消亡时，又没留下什么显而易见的进化体。人们几乎可以称这些化石是很大一部分生物的记录。它们只是在自然选择面前表现成了不同的生命形式，与进化却似乎没有什么关联。

古德教授在总结这一情况时说："在任何地区，新的物种并不是由其祖先逐步进化而成的，它们都是突然出现的，而出现之时就已经面面俱全。"

这种情况几乎随处可见。例如地球上最早的植物化石出现在4.5亿年前，没有什么可以证明在此之前它们曾有过别的什么发展形势。而即使在这么早的时期，各种植物之间的差异也都十分明显了。依据进化论，这是不可能的——除非我们认为，我们所设想的所有过渡时期的生命形式都没有变成化石，而这听起来又不大可能。

与此相似，尽管从化石上看，自开花类植物出现以来，植物的种类就已经非常丰富多彩。但这之前的时期却没有发现与之对应的原种，它们的起源也是一个谜。这种反常现象还可见于动物王国。有脊椎及脑体的鱼早在4.5亿年前就出现了，但它们又是由什么生物演变而来却不为人知。而第一代无颚有鳞鱼化石的发现则是对进化论的又一打击。化石表明，这种鱼是有硬骨骨架的。那么我们通常所说的，硬骨是由软骨（如鲨鱼和鳐鱼身上）演变而来的说法自然也就站不住脚了，因为事实上，无骨鱼是在此之后7500万年才出现的。

另外，鱼类进化史上最重要的一个阶段是颚的进化。第一代有颚鱼突然出现了，在化石记录中却找不到任何早期的无颚鱼能做为其原种。另一点令人迷惑不解的就是八目鳗。这是一种无颚鱼，至今却还生存的好好的。如果颚在进化过程中真是一个有利的、适应自然选择的因素，那么为什么今天还有这种鱼的存在呢？两栖动物的发展同样令人费解。这些水中的生物是怎样进化得能够呼吸空气，具有在陆上生活的能力的呢？罗伯特·文森博士在他的著作《自然选择之外》一书中是这样解释的：

鱼是怎样变成两栖动物的，这一阶段还是不为人知……最早的陆上动物出现时就已经有了四肢、肩胛、骨盆带、肋骨及明显的头部——几百万年之后，也就是距今3.2亿年前突然出现了十几目两栖动物，在这之前没有发现与之相对应的原种。

目前存活的陆上脊椎动物目的总数：43

化石中所发现的目的总数：42

所以，发现成为化石的比率：97.7％

现存陆上脊椎动物科的总数：329

化石中所发现科的总数：261

所以，发现成为化石的比率：79.3％

由此我们可以得出结论：化石记录确实给曾经生活在地球上的生物留下了精确的抽样调查结果。因此将化石记录中所存在的差距归因于化石记录的不完整是很有说服力的。

◎准确的化石记录

哺乳动物也同样显示了这种发展的突然性。1亿多年前，在恐龙时代，这些小动物还在偷偷摸摸地四处逃窜。而当这些庞然大物不知为什么突然神秘消亡以后（大约是在6500万年前），从化石上看，十几群甚至更多的哺乳动物就同时出现了——这大约是5500万年前发生的。那些看起来与今天的动物相似的那个时期的熊、狮子、蝙蝠的化石被发现了。更为复杂的是，它们不是在一个地方出现的，而是同一时期在亚洲、南美、南非都有它们的足迹。

人们还无法确定那些恐龙时代的小哺乳动物是否就是后来这些哺乳动物的原种。当人们检索化石所记载的历史时，到处可见的是难解的谜和进化过程中的空白阶段。例如，人们认为第一代脊椎动物是由早期原始的脊索动物演变而来的，但从化石上人们却找不到处于两者之间的纽带环节。我们今天所见的两栖动物与最早期的两栖动物已经大不相同，两者之间相隔了1亿年，而在化石记录中，这1亿年的进化过程却是一个空白。

达尔文的进化论在我们面前似乎已经分崩离析。但他的"自然选择"观点也许仍应该保留，不过只是在有限的范围之内。很明显，我们没有新的物种或生命形式发展进化的证据，我们所看到的只是新的生命形式在一个时期突然地出现。自然选择也许在其中发挥了作用，但它却只能适用于那些现存的东西。

在校的学生、甚至包括科学家在内，常常用果蝇做育种实验。他们被告知是在论证进化的证据。他们培育出来的变异果蝇可以具有不同颜色的眼睛，或者一条腿长在头上，还可以有两个胸腔。他们甚至可以从通常两只翅膀的果蝇身上培育出4只翅膀的果蝇来。但这些变异不过是在原有特点基础上的改造——例如4只翅膀不过就是原来两只翅膀的再复制。他们根本就不可能创造出一个新的内在器官，也不能将果蝇变成类似蝴蝶或蜜蜂之类的什么东西，甚至变不成其他的什么蝇类。他们所得到的只不过就是一个果蝇的变异体。"自然选择也许可以说明适应性的起源，却解释不了物种的起源。"瞧，即便是这么极其有限的应用范围也存在问题。

例如：怎么用自然选择来解释人类这个单一物种中就存在十几种血型呢？怎么解释我们所知道的最早一类化石三叶虫却有一只结构复杂、目光锐利的眼睛，以至于这一门生物的后来成员中没有能超得过的？羽毛又是怎样演变而来的呢？巴巴拉·斯特尔博士曾写过一本关于进化论的正统教科书，在谈到这一问题时他承认"我们通常所说的羽毛是由两栖动物的鳞片演化而来的说法经不起分析"。

即使从一开始，达尔文就知道他面临着深奥的疑点，例如复杂器官的发展问题就不是他的理论所能解释得了的。因为除非这个器官确实能起作用，否则怎能经得起自然选择的考验而被证明是有利的因素而被保存下来呢？正如古德教授所说："那些早期的，发育不完善的器官又有什么用呢？半个下颚或半只翅膀会有什么用呢？"

也许甚至是半只眼睛？即使在达尔文心中也存在着同样的疑问。1860年他向一位同事坦白说："这个时代的眼睛让我打冷战。"也许正是如此。

即使自然选择确实是生物演变过程中的一种有效机制，也必须承认这其中还有许多地方有待人们的进一步认识。这里有最后一个例证，下面是文森博士关于树懒排便习惯的论述：

"树懒并不像其他树居动物一样，一有需要就随时排便。它会通常将粪便积存一周左右的时间。这对于一个以粗质植物为食的动物来说可不是一件容易的事。然后它才会溜到地上，排出粪便，就地掩埋。树懒在进化过程中为什么会养成这种特殊的习惯呢？这似乎与环境的危险与否无关，可能与树懒为它所居住的树木施肥有关。也就是说树懒的某个祖先在经过一系列随机的变化之后，为了干净，养成了这种其他树懒所没有的习惯。而这样做的直接结果就是它所住的那棵树叶子比以前更茂盛了。这就使得此类树懒可能比那些仅仅让粪便落下来的树懒拥有更多的后代……"

也许在生物进化的过程中，还存在着我们根本不知道的"自然选择"的其他方式？或者还存在另外一种完全可以用来解释化石记录的这种突然性与分散性——也许是宇宙的幽默感？

◎不规则进化

化石记录所显示出来的问题一开始就受到人们的普遍关注。在大约100年间，科学家们都仅仅寄希望于会有更多的化石被发现，能够回答这些疑问，填补记录中的空白。他们还希望能找出某些证据，以说明记录中的大片空白是由地质变化的不连续性，而不是由生物进化本身引起的。最后这一切解释都变得过于牵强。直到1972年，才有人对科学界的这种共识提出挑战。同年史蒂夫·吉·古德及尼尔斯·爱尔德瑞格在一次关于进化论的大会上递交了一份报告。他们的报告对达尔文的进化论提出了直接的质疑。

他们认为，虽然人类所掌握的化石记录远未达到令人满意的程度，但现有资料所反映的，新物种出现的突然性与其说是因为化石记录的不完整所致，倒不如说它确实反映了一种现实。物种起源也许并不是一个循序渐进的进化过程，它也许正是一个物种形式的长期稳定性不时被物种突然大规模的变化所打断的过程。通过这一观点，古德和爱尔德瑞格解释了为什么化石记录中有那么多的缺失环节：因为它们根本就没有存在过。

尽管这种观点能够很好地解释化石记录的不连贯性，但这毕竟只是一种猜测，它的基础是：相信生命的发展是漫无目的、机缘巧合的。但从生物进化的过程来看，不管这种过程是以什么样的方式进行着，都不大可能是一种盲目随机的过程。

动植物的特性是由它们的遗传密码决定的。这些密码是复杂的，它们所可能产生的变异体也不计其数。那么这种遗传密码的进化是否也是随意的呢？我们只要简单地看一组数字就会明白，这不太可能。如果让一只猴子坐在打字机前每一秒钟敲一个键，那么大约需要多长时间它才可能碰巧打出一个12个字母长的英文单词呢？答案是如果仅仅靠巧合的话，它大约需要1700万年。那么，这只猴子大约需要多长时间才能敲出一句包含100个字母的、有意义的句子呢？——一个句子比起遗传密码来说可谓相对简单得多吧？答案是这种可能性简直是微乎其微。也就是说，仅靠巧合来创造100个串合起来有意义的字符是不可能的。由此可以推断，通过任意组合复杂的遗传密码来创造生命也是不太可能的。

天文学家弗里德·霍利说话言辞尖锐是出了名的。他写到，如果可以通过机缘巧合来创造高一级的生命形式，那么龙卷风吹过废品收集站的时候就能够组装出一架波音747飞机。那么，如果遗传密码的形成不是靠任意重组，那么它们的组合就一定有其方向性了，这一观点又会给我们什么启发呢？

◎有向进化

1991年，文森发表的《自然选择之外》一书无疑给这一领域投下了一枚重磅炸弹。他说，那些迷恋于达尔文进化论的人就像是"沉浸在一个老掉牙的白日梦里一样，还相信地球会像上了发条的钟表一样运转"。文森指出，我们不能将每种动物都孤立起来看。他建议人们将视野放得更宽一些："生物个体是作为整个社会的一部分，也就是生态系统的一部分进化演变的……也就是说他们必须'共同进化'。我们与其说是研究物种的起源，不如说是研究生态系统的发展……"

不止如此，文森建议人们用"混沌理论"的发现成果来研究生物进化，这样才能解释我们在化石记录及现实生活中所看到的一些不稳定的怪现象。

◎混沌的生物界

"混沌理论"是用来理解复杂的系统运作——例如生物进化——的一种方法。运用这种方法，人们可以从整体上去理解和把握复杂系统，而不是像以前一样将整个系统分成不同的部分加以研究。

传统的物理学家在研究和预测一些复杂系统的运作时常感到束手无策，例如，天气的变化、水流过管道时的汹涌运动、人口的增长——这仅仅是其中几个例子。"混沌理论"提供给人们一种方法，使我们能够透过看似漫无目的的事物表面找出其内在的结构，而这种结构就是一种规律，一种模式。

混沌理论是由爱德华·洛里兹博士在1961年创立的，他是一位研究天气预报的科学家。有一天，为了研究某一地区在未来时段内的天气情况，他需要用计算机给数据重新列表，每一个数据都必须精确到小数点后面6位数。为了节省时间，他从序表的中间开始，并在输入数据时将每个数据的最后3位小数忽略掉。他原以为即便有些误差，也是微乎其微的。在进行这一程序时，他满以为会得到与第一张数字排列表完全一样的结果，于是他就走开一会儿去喝杯咖啡。

等回来一看，意想不到的事情发生了，重新排列的数据所形成的图表刚开始还与第一次打印出来的图表并无二致，但很快就发生了偏离。刚开始只是一点点，后来就一发不可收拾。这种不断加大的偏离率现在被称为"混乱的瀑布"。一个很细微的、看起来无关紧要的错误——洛里兹博士不过是去掉了小数点以后的最后3位数字——却很快导致了一个完全不同的结果。

洛里兹总结了两大混沌原则：第一，最初状态的敏感性，即便是小事情最后也会产生大影响；第二，环境反馈的重要性。发展中的系统与其周遭环境之间不断发生着作用与反作用，来来回回，相互影响，永无穷尽，这就使得该系统朝着完全出人意料的方向发展。

混沌理论学家们注意到混沌系统的运作模式具有相似点：我们在雪花中发现的运作模式同样可见于汹涌的水流、心跳、波浪拍击沙滩等等运动之中。自然界在依照某种规则玩着一场混沌游戏。

简而言之，那些表面看来杂乱无章的事物也有其内在的规律。

我们及其他生物所共存的这个生态系统只不过是整个地球的一个部分。而这个生态系统持续不断地向前发展成混沌状态，这一点在有了生命以后就开始了。这种观点可以解释达尔文的自然选择论所不能解释的问题：为什么地球上生存着几百万种从达尔文进化论的角度看不可能存在的、千奇百怪的动植物形式。这些生物并不一定是自然选择下的优等品。正是遗传变异的"混沌"发展，形成了今天的五彩缤纷的多样化世界。与之相比，达尔文的自然选择理论就显得直观、机械、过于简单化。

混沌理论所揭示的另外一点更让人感到惊奇，即进化的目的。

从自然界来，再回到自然界去，这样的反馈对混沌结构的产生起了重要的作用，从中我们可以看出：生命的发展并不完全取决于机遇，好比走单行道，毫无其他选择的余地，相反，生命也可以积极地决定其未来的发展方向。

生物的复杂程度千万年来不断增加，这也完全与混沌理论相吻合。一个系统从刚开始发展到最后，其复杂程度让人无法预测。但是，进一步说，这种从简单到复杂的发展方向，却显示出这个过程不是偶然的。这一点在进化论中已表现得非常明显。我们甚至可以将其看做是某种更深层次大手笔的体现：进化可以看成是一个有目的的发展过程，因为它是这个有序的宇宙的一部分，是这个宇宙中某种固有潜能的展现。而且，为了证明宇宙发展是有目的的，韦森指着太阳和月亮说：他们已经从一个"火球"自然地演变成一个"太阳系"。这就是一种前进，或许是一种循环，一种展示其

固有潜能的循环。

难道这试图是一种自圆其说？

◎ 信仰的法则

达尔文的理论正是他那个时代的产物。维多利亚时代的人们天生就觉得自己是世界上最优秀的，而达尔文似乎就给这种想法提供了科学的依据。

后来的科学家曾将遗传学的发现添加到达尔文的理论中去，他们认为这样就可以使这个理论无懈可击了。但尽管如此，这一理论却更接近于宗教信仰，而不是科学事实。这也许能够满足某些科学家的需要，让他们觉得自己卓有成就，但却经不起科学资料的验证。

在这个领域爆发了一场战争：一些专家几乎是在理念上对这个理论顶礼膜拜——比如牛津大学的道金斯教授，他简直可以与17世纪的基要主义传道士相媲美，对正统观念有着炽热的追求。

科学界前沿人物对此的认识正趋于统一，但他们还不得不顶着包括神造论学说在内的各方压力。科学家们好像担心放弃达尔文理论就像将阵地拱手让给相信神造论者一样。其实不然，这不仅是一派胡言，也说明了许多人对他们的科学解释真正相信的程度是多么的微弱。

达尔文的进化论仍是一个谜，就像所有其他的谜一样，它试图满足人类理解自身起源的需要。在某种程度上它也许起到了这样的作用，但这并不表明这一理论是惟一正确的。

"买东西"之谜

◎ 看不见的门槛——需求门槛

1979年，日本索尼公司推出"随身听"收放机时，售价高达近2500元。在当时来说，绝对是一种奢侈品，尤其对中国人来说，能够买得起的人屈指可数。可是在今天，我们可以用低得多的价格买到质量更好的"随身听"。而且在今天，对生活在都市里的人来说，"随身听"已不是什么奢侈品。小汽车在欧美国家已是一种很平常的消费品，几乎家家都有；可在中国，尽管许多人坐着不同的轿车，但由于中国的平均工资水平和欧美国家相比比较低，支付能力有限，而在中国，轿车的价格要比国外高得多，所以能够买得起轿车的人相对来说就少得可怜。是什么力量决定着价格的上升和下降？

每个人都有一定的消费欲望。孩子想得到更多的学习用品和玩具，青年人喜欢名牌服装和流行音乐。可能由于囊中羞涩，而无法得到想要的东西。孩子不得不考虑将父母给的有限的零用钱用到最急需的物品上去，使他们不得不舍去其他一些东西。每个年轻人都想开上自己的轿车，可是由于没有那么多钱，只能望车兴叹。这就说明我们的欲望受到了支付能力的限制。工厂在生产商品时，它会根据当时人们的购买能力，估算需求量，来确定供给量。需求量是消费者在某一时期，某种价格水平时，计划购买并且能够购买的商品的数量。供给量是厂商在某一时期，某种价格水平时，计划供给并且能够供给的商品的数量。这里的需求和欲望不同。欲望是人们对商品的无限要求和希望。欲望是无限的，人们会希望自己的生活越来越好，正所谓"人往高处走"；而需求受到支付能力的限制，你对某种商品有欲望但你不一定能购买它，但如果你需求某种东西，我们可以说，你要计划去购买它。这就是欲望、需求的差别。供给也受到供给能力的限制。价格的上升和下降是由需求和供给决定的。当需求量大于供给量时，供小于求，价格会上升；当供给量大于需求量时，供过于求，价格会下降；供给量和需求量相等时，供需平衡，价格平稳。

在理解了供给和需求的概念之后，我们就可以讨论需求门槛了。例如有一个1000人左右的村庄，已经有了好几个商店，假如有一个商人想在这个村设一个商店，那么他就面临一个需求门槛的问题。他必须考虑开了商店之后能有多少人来此买东西，或者说至少有多少需求量，才不至于亏本。这个需求量就是能不能开商店的一个需求门槛。简单地说，需求门槛就是在一定地域范围内，在一定的时期内，不亏本时的需求量。再举一个例子，如果有一个汽车公司想在某地设一个汽车销售店，经过计算后，一年内只要在此地售出5辆汽车，所得到的利润就能维持正常的费用（工人工资、税金等），那么"5"就是能不能在此地设立汽车销售店的需求门槛。如果这个地方消费水平是有限的，一年内没有能力去购买5辆汽车，那么在这里开轿车销售店的话，则肯定要亏本了；如果这是一个比较富裕的地方，一年内想要购买并且能够购买的汽车数量大于5，就可以在这里设立汽车销售店。理解和掌握了需求门槛的概念，会避免一些盲目性，做到科学决策，这是因为在我们的心中已经有"数"了。

◎买酱油的地理学——商业中心等级体系

买酱油也有地理学？回答当然是肯定的。如果我问你去哪里买酱油，你可能觉得这个问题好奇怪。可是正是这个"哪里"，包含着大量的学问。买酱油和买服装去的地方不一样，买服装和买电脑去的地方也不一样。这是因为商业中心是有一定级别的，不同级别的商业中心所提供的商品种类是不同的。生活在都市里的人，经常到离家比较近的超市里买食品、饮料和日常生活用品；买服装则要到更高一级的商业中心，如各区的服装城和大型商场；买电脑可能需要到市级的商业中心。生活在农村的人，一般在村里买酱油等日常生活用品；买服装要到镇上；而买电脑要到城里。在上海，一级商业中心当属南京路，在这里几乎可以买到世界上生产的任何商品。在北京，一级商业中心当属王府井。几乎到北京旅游的人都去王府井购物，王府井的商品种类齐全，质量过硬，还提供周到的服务。

这些商业中心表面上看上去杂乱无章，可背后有一股力量，使它们形成一种体系。这种体系比较合理的情形就是克里斯塔勒的中心地等级体系。可往往由于克里斯塔勒的中心地等级体系过于严厉的假设条件，在现实中表现出来的商业中心等级体系不会严格遵守分别按市场原则、交通原则、行政原则建立起来的K=3、K=4、K=7等级体系。但是我们绝对不能因此否认商业等级中心体系的存在。

商业中心等级体系是社会和经济环境的产物。也就是说在长期的社会和经济发展过程中，低级商业中心在区位条件较好的地区不断形成；与此同时，一些形成较早的低级中心会发展为高级中心。随着时间的变化，各等级的商业中心就渐渐形成了。当一个地区的需求量达到需求门槛时，就有可能在这一地区产生商业中心。另外，当地的交通、人口密度等问题也是促成商业中心形成的重要因素。在交通条件好、人口密集的地方，比较容易形成商业中心。如人口的增加能够带来区域的需求增加，达到了一种新的需求门槛，原来的商业中心已不能满足需要，呼唤着更高一级商业中心的诞生，这时要么在原有的中心地基础上进行扩建，要么在一个适当的地方形成新的商业中心。不同商业中心的职能是不同的，级别越高的商业中心，所能提供的商品种类越多。一般在低级商业中心买不到的商品，可以在更高一级商业中心里买到。

生活在农村里的人都很热衷于"赶集"，其实这里的"集"相对于村里的商店来说是一种更高一级的商业中心。这种集市每隔几天进行一次，通常能够提供更丰富的物品，有各种土特产，有五颜六色的服装，还有各种新鲜蔬菜。这些商品，在村里是很难买到的。由于农村的需求量无法达到维持固定店铺的需求门槛，所以不得不进行定期交易，具有一定的周期性、巡回性，是一种定期市场。

理解和掌握商业中心的等级体系，有着积极的现实意义。如果是消费者，至少可以非常清楚地知道，在"哪里"可以买到自己所需要的商品；如果是商人，通过需求门槛的分析，可以确定应该在哪个等级的商业中心提供哪些商品，使该地区的供给和需求基本达到平衡，避免不必要的浪费。

怎样衡量经济实力

"当你能衡量你谈论的事并且能用数字把它表示出来时，可以说你对它有了一些了解；当你不能衡量它并且不能用数字表示出来时，你对它的了解便是肤浅的，是不能令人满意的；你的了解可能只是知识的开端。"这是卡尔文勋爵一段非常经典的话，主要说明了定量描述的重要性。那么怎样衡量经济实力呢？必须找到一个统一的定量化的标准，才能够有效地对经济实力进行衡量和比较。

现在国际上一般用国民生产总值（GNP）来衡量一个国家的经济实力。国民生产总值是一个国家（或地区）一定时期内（通常为一年），最终产品和服务的货币表现。每种产品都有一定的市场价格，因此用货币表示产品的价值应该没有什么问题。在这里需要说明的是服务也是一种广义的商品。如保姆提供的是料理家务的服务，理发师提供的是理发的服务，保姆和理发师都从其服务中得到报酬。这说明，他们的服务也可以用货币来表示。在理论上，虽说产品和服务用货币表示不存在任何问题，但关键在于用什么方式表示。面对一个纷繁复杂的商品世界，用货币把它们准确的表示出来就不是一件简单的事情了。在这方面做了开创性工作的是哈佛大学的西蒙·库兹涅茨，他设计了一种简单而有效的GNP账号，使得产品和服务的货币表现成为现实。他也因在GNP账号设计方面的突出贡献而获得了诺贝尔经济学奖。有的经济学家认为，西蒙·库兹涅茨作出了经济学上20世纪伟大的创造。尽管GNP的发现没有得到专利权，也没有被放到科技博物馆去展览，但是如果没有它，宏观经济学可能还在杂乱无章的数据海洋中漂泊。

应该指出的是，国民生产总值不同于社会总产值，社会总产值是我们国家以前计算总产品时采用的一种标准，他们之间的不同之处在于，国民生产总值计算的是最终产品，没有把中间产品计算在内，不存在重复计算问题，而社会总产值存在重复计算问题。比如说一个汽车零件，可以说是一种中间产品，国民生产总值不会把它计算在内，而社会总产值则会将其计算在内。这个零件在成为汽车的一部分后，又在汽车的价值中得到体现，也就是说汽车的价格里也包含着零件的价格。因此一般来说，社会总产值比国民生产总值要大。

GNP是一个国家产出的总价值。为了更好地说明这个国家人民的生活水平，通常还用另外一个指标——人均GNP。当然人均GNP等于GNP除以人口数。虽然有的国家或地区的GNP不大，但是人均GNP却非常大，如瑞士、新加坡等。这主要是因为它们的人口相对较少的缘故。

按照1996年国民生产总值计算，世界银行在一份长达390页的报告中列出了世界129个经济体的经济规模。美国以年国民生产总值74335亿美元位居全球第一，位随其后的日本是51429亿美元。被世界银行排为第三位的是德国，年GNP为23646亿美元，与第二位的日本比又有较大差距。世界第四经济大国是法国，国民生产总值为15336亿美元。排列第五和第六位的分别是英国和意大利，他们的国民生产总值分别为11521亿美元和11405亿美元。中国的国民生产总值为9061亿美元，居世界第七。世界银行统计表明，中国的经济实力自1991年首次跻身于世界10大经济强国之后，从1993年以来已多年稳居世界第七。在全球经济实力的排列中名列第八位的是巴西，总产值为7096亿美元；加拿大为第九，总产值5699亿美元；西班牙居第十位，总产值5632亿美元。韩国保持了第十一位，年总产值4831亿美元。世界人均国民生产总值最高的是瑞士，为44350美元；以下依次是日本、挪威、丹麦、新加坡、德国、奥地利、美国、比利时和法国。中国人均750美元，名列第81位。但世界银行的报告显示，从1965年到1996年的31年里，中国是全球经济增长最快的国家之一。我们通常所说的经济增长率就是指GNP的增长率，一个国家GNP的增长速度是衡量一个国家经济发展速度的重要指标。因此，研究GNP具有重要的现实意义。

为什么故宫中外闻名

　　到北京去旅游的人，都要游览故宫，故宫也给广大中外游客留下十分深刻的印象。为什么故宫在广大游客中享有如此高的声誉呢，为什么故宫闻名中外呢？

　　首先，故宫是我国明、清两代的皇宫，具有极其重要的历史地位。故宫始建于1407年，建成于1420年，历时15年。先后有24个皇帝居住在故宫，统治中国长达491年。故宫旧称紫禁城。这是因为古代天文观测者认为，紫微星位居中天，是天帝居住之处。天宫被称为紫宫。皇帝自命为真龙天子，把皇宫称为紫宫，以期四方归化，长期统治。皇宫戒备森严，是一般老百姓的禁地，故又叫紫禁城。可见，故宫从其建成以来，在长达400多年的时间里，一直被视为皇权的象征。

　　其次，故宫规模宏大，气度不凡，是我国现存规模最大宫殿建筑群。故宫占地72万平方米，面积相当于长、宽各100米的运动场72个。故宫南北长961米，东西宽753米，四周有高大的城墙环绕，城墙外则是宽52米的护城河。城墙四边各有一门。南边的午门是故宫的正门，门楼高8米。北边的门叫做神武门，东、西的门分别叫做东华门和西华门。宫殿的房屋建筑面积达15.5万平方米。故宫向游人展示了其皇宫的威严和不凡。

　　再次，故宫众多建筑物布局严谨，建筑精美，功能各异，文化内涵丰富，是我国极其宝贵的人文旅游景观。整个建筑布局显示出封建社会等级森严和皇权至高无上。建筑物呈对称布局，大殿则位于老北京城的中轴线上。太和殿面积为2300多平方米，是故宫最大的建筑物。它建在5米高的汉白玉台基上，台基四周则有精美无比的雕龙石柱。大殿正中有金漆雕龙宝座，宝座后为金漆屏风，宝座前有香筒、仙鹤等陈设，显得庄严肃穆、富丽堂皇。皇

△ 故宫

帝升座时，香炉上香烟缭绕，更有一种神圣的气氛。明清两代皇帝即位、诞辰以及元旦（春节）、冬至等庆典，均在此举行。中和殿在太和殿之后，是皇帝去太和殿途中小憩之处。保和殿在中和殿后，是清朝举行盛大宴会的地方。太和殿、中和殿和保和殿称为前三殿。在保和殿之后则是皇帝处理日常事务的场所，也是皇帝和后妃们居住的地方。中轴线上从前到后分别是乾清宫、交泰殿和坤宁宫。乾清宫是明朝皇帝的居住处，皇帝也在此处理政务和召见臣仆和外国使节。从清朝雍正皇帝之后，皇帝迁至养心殿住。交泰殿是皇后生日举行典礼的地方。坤宁宫是明代皇后的寝宫，其东暖阁是清代皇帝大婚的洞房。东西6宫则是后妃们居住的宫室，而慈宁宫、寿康宫、寿安宫则是太后、太妃们居住的地方。

另外，故宫还珍藏着大量稀世文物，总共有近100万件。其中包括王献之的"中秋贴"、王殉的"伯远贴"、董源的"潇湘图"以及唐寅、扬州八怪等杰作。这些珍贵的文物使故宫更是身价百倍。

故宫集聚了我国古代建筑和文物的精华；故宫也是一部我国明清两代政治事件和皇室生活的画卷，详尽记录了这一段时间我国重大历史事件和皇宫礼仪、习俗等。因此，故宫具有独特的历史文化价值。故宫真是我国人文旅游资源中的一颗璀璨的明珠。

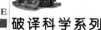

景观之美，美在何处

近年来，我国各地建纷纷起了不少人造新景点，但成功者为数不多。各地也新辟了不少自然旅游景点，但其中不少也是游人寥寥。反之，有一些旅游老景点却一直能够吸引众多游客。人们不禁要问，旅游景点的建设有什么奥秘吗？

其实，游客到一个景点，他不仅需要领略那里特定的视觉美感，如山清水秀，群花灿烂等；更需要寻求某种特殊的氛围，感受那里特有的整体美。这就是旅游景点给人的一种独特的意境。它能够引起游客心灵的感应，唤起人们内心对某种美的追求。不同的旅游景点，往往给人以不同的意境。

黄山奇峰林立，姿态万千，更有云雾缠绕，云海迷漫，身临其境，如置身于仙境一般。不时露出的奇松怪石，游人从不同的角度看，均似一幅幅浓淡相宜的水墨画。这峰、石、松、云在位置上恰到好处，犹如一位画家所作的巧妙布局。黄山给人以一种精巧、细腻、虚幻、飘逸的意境。

泰山古建筑众多。岱庙位于泰山南麓，规模宏大，气势不凡。天贶殿富丽堂皇，内有高3.3米、长62米的巨幅壁画，画中有人物657个，个个神态不一，整幅画场面宏大，布局严谨。汉柏院内有5株汉柏，相传为汉武帝封禅时所植，至今仍挺拔粗壮，生机勃勃。岱庙内藏有秦、汉、晋、唐等多个朝代珍贵碑刻，有真、草、隶、篆各种书体，有颜、柳、欧、赵不同流派。这些碑刻或苍劲古朴。或飘逸潇洒。在群峰密林之中，还有王母池、关帝庙、红门宫、万仙楼、碧霞祠、玉皇庙等许多建筑。我国历代帝王登基或祈太平之岁，多来泰山举行封禅大典，祭告天地。其中有些帝王还多次登临泰山，留下大量文物古迹。泰山给人以古朴、雄伟、博大、精深的意境。

江南古镇多小桥流水。石板路的两侧分布着茶馆、染坊、当铺、药店，

△ 黄山奇峰

具有一种浓浓的古代生活气息。小镇还有一些深宅大院，高高的围墙内有雕刻精美的建筑，里面有古色古香的厅堂。有些院内还有假山、池塘、绿树和亭台。站在小镇的桥头上，可见到妇女在河边浣洗衣物，不时听到一两声小贩的叫卖声和船娘的摇橹声。江南古镇给人以一种平和自然、悠然自得的意境。上海外滩有长长的、呈弧状沿江排列的各式建筑物。这些建筑物风格各异，错落有致。它们面前为宽阔的马路和绿树点缀的江边休闲地，再往前则是水波荡漾的黄浦江。站在延安东路外滩向前看，整个外滩建筑物在蓝天、白云和绿树的衬托下，一览无余，犹如一幅精心设计的美丽油画。上海外滩使人感觉建筑物与周围环境十分协调，具有一种整体美感。其中单独的一幢建筑物并不见得有特别好看之处，但它们沿江一排展开，这些建筑物就像连绵起伏的山丘，也如跌宕婉转的乐章，令人陶醉不已。它的现代建筑物与自然环境很好地融成了一体，给人以一种和谐、美观、大度、从容的意境。

国外也有不少具有独特意境的旅游景观。例如，在加拿大中西部，有一望无边的原始森林，有冰雪覆盖的连绵高山。夏日里，这里是一片幽美宁静的湖光山色；冬日里，这里是无边无际的林海雪原。加拿大的中西部给人以一种宁静、开阔、原始、自然的意境。

为什么在原料缺乏的地区建工厂

　　工厂接近原料地布局，可以减少原料运输的费用，节约生产成本。但是，一些工厂，包括一些规模很大的钢铁厂和炼油厂，却分布在远离原料产地的地方。这是为什么呢？

　　我们先来看钢铁厂。钢铁生产需要铁矿石、焦炭、石灰石、锰矿石等多种原料和燃料。一般炼1吨钢，需要4～5吨相关的原料和燃料。但是，目前有不少钢铁厂被建造在缺煤少铁的沿海地区。如日本的濑户内海沿岸、意大利的地中海沿岸、西欧一些国家的北海沿岸等，均有规模很大的钢铁厂。我国的上海钢铁工业也属于这种布局。如何来解释这一现象呢？

　　首先，随着钢铁工业多年消耗铁矿石，不少国家含铁量比较高的富铁矿石所剩不多，于是不少钢铁厂把目光转向国外，准备进口巴西、澳大利亚等国的优质富铁矿石进行生产。这就需要把钢铁厂设在沿海港口附近。如美国钢铁工业就有向沿海和沿湖转移的趋向。其次，利用大型远洋货船可以大大降低运输成本，单位重量铁矿石的运价比以前有明显的降低。再次，利用富铁矿石炼铁可以减少选矿、烧结等工序，从而有利于降低生产成本。另外，沿海地区一般工业集中，是钢铁产品的消费市场，这样布局，有利于节约钢材的运费；沿海地区还有较多的废钢铁，利于就近利用，作为钢铁生产的原料；此外，还可以利用海水进行冷却，从而节约淡水。因此，战后不少国家选择沿海地区建造钢铁厂。我国上海利用进口优质铁矿石和从附近省区调入的炼焦煤，建起了规模巨大的钢铁企业，年产钢超过1000万吨，经济效益也相当不错。

　　我们再来看炼油工业。世界炼油工业主要分布在石油消费地，如日本、意大利、德国等。这些国家很少出产石油，但都建有大型炼油厂。美国进口石油超过本国石油产量，是世界上石油消费量最大的国家，炼油能力也居世界首位。为什么在远离油田的地方建这么多的炼油厂呢？

炼油厂主要分布在石油消费地，是由多种原因决定的。原油加工后得到汽油、柴油等成品油，成品油的重量与原油相差不是很大，因此，原油运输并没有大量增加运量。原油运输又比成品油运输方便，原油运输只要一根输油管就够了，而成品油种类多，用输油管输送成品油显然是不方便的。另外，汽油易燃易爆，因此长距离运输汽油会增加危险性。在消费地布局炼油厂，还有利于炼油产品和副产品的综合利用。

1999年，沙特阿拉伯大约生产3.7亿吨原油，产量居世界首位。同年原油产量在3亿吨上下的国家有俄罗斯和美国。产量比较多的国家还有伊朗（1.77亿吨）、中国（1.60亿吨）、委内瑞拉（1.56亿吨）、墨西哥（1.51亿吨）、挪威（1.49亿吨）、英国（1.28亿吨）、伊拉克（1.24亿吨）等。但是，世界原油加工能力与原油生产量有所不一致。1996年世界原油加工能力在1亿吨以上的国家分别为：美国（7.63亿吨）、俄罗斯（3.01亿吨）、日本（2.60亿吨）、中国（1.70亿吨）、意大利（1.40亿吨）、德国（1.13亿吨）、韩国（1.01亿吨）。而沙特阿拉伯、伊朗、伊拉克、科威特、阿联酋西亚5国原油加工能力总共大约为2亿吨，不足其产量的1/4。可见，炼油厂主要还是分布在石油消费地区。

除了一些钢铁厂和炼油厂之外，还有不少工厂需要布局在消费地。它们大体可以分为下述类型：

一是成品重量和体积大大超过原材料的厂家。如面包厂、糕点厂、家具制造厂等。它们近消费地布局，比在原料地布局可以节省运费。

二是成品运输困难，损失率高，成品易燃、易爆、易腐烂、易挥发的生产厂家。如玻璃器皿厂、硫酸厂、熟食加工厂、面包厂等。它们近消费地布局，可以减少成品运输的困难，减少损耗，避免产品变质和可能发生的事故。

三是成品价格低廉，但成品重量却较大，不宜花费大量运费的厂家。如混凝土预制件加工厂。它们若远离消费地布局，运费占产品价格的比重可能很大，会使产品价格大幅度上升，在市场上失去竞争力。

四是产品需要尽快传递信息或获得消费反馈信息的工厂。如印刷厂、服装厂等。它们接近消费地布局，有利于及时传递和获取各类信息，使自己的产品受到消费者欢迎。如印刷的报纸能及时与读者见面，设计和生产的服装符合时代的潮流，并能根据消费者对服装的反馈信息及时改进设计和调整生产。

至于高科技企业，由于原料成本和运输成本所占的比重均比较小，它们既可以远离原料地，也可以远离消费市场布局。影响高科技产业布局的主要因素是：必须接近科研力量雄厚的高校和研究机构，有优美、洁净的环境，和快速、方便的交通和通信条件。

还有一类工厂布局在远离原料产地的地方，是出于另外的考虑。例如，包头位于我国内蒙古自治区，当地并不属于棉花生产基地，但却有规模相当大的包头纺织总厂，且是一个兼有纺、织、印染的联合企业。之所以在包头布局纺织工业，主要是因为包头是我国钢铁工业基地，还生产稀土、铝锭以及多种机械产品，重工业比重大，需要大量男性劳动力，而包头市需要女性劳动力数量有限。考虑到一个规模较大的城市应使男女人口有一个大体平衡的比例，故政府决策在包头建设了纺织厂，以大量吸纳女职工就业，从而不使整个城市男女就业比例失调。

尽管上述许多工厂远离原料地布局，但是我们还必须看到，仍然有不少工厂需要接近原料地布局。例如，铜矿石的有用组分含量相当低，有的铜矿石中含铜量不足1%，因此为节省运费，铜矿石的选矿厂和粗炼厂，一般宜在铜矿原料地布局。又如，每制取1吨糖，需要用好几吨甘蔗，甘蔗也不宜久贮或久运，否则易霉变，因此甘蔗制糖厂也不宜远离甘蔗产地布局。

美国人为何爱买车

美国是世界上最大的汽车生产国。1999年，美国生产了1303万辆汽车，比位居第二位的日本多300多万辆。但是，美国每年还进口大量的汽车，又是世界上最大的汽车进口国。这表明，美国具有很大的汽车消费市场。

美国是一个汽车普及率相当高的国家。目前，在美国，95%的家庭都有汽车，人们可能会问，为什么美国人还要大量购买汽车呢？

美国汽车销售长盛不衰，有着多方面的原因。首先，有相当一部分美国人喜欢每隔几年就换一次车，他们喜欢式样新、性能优的新款汽车，常常把开了几年的汽车卖掉，又买进新款汽车。

其次，随着一些美国人生活水平的逐渐提高，他们感到仅有小汽车的话，对外出旅游或购买较多物品还不够方便，于是产生了购买客货两用车的愿望。据报道，近年来美国轿车占家庭用车的68%左右，比20世纪80年代下降了十余个百分点。而微型厢式车、客货车和多用途车所占比重急剧增长，特别是客货车风靡美国，成为增长热点。从1992年至1996年，美国轿车保有量从占汽车总量的75.8%降为67.5%，而商用车（包括客货车、厢式车等）则从24.2%上升为32.5%，这一变化引起了人们的思考。

有人研究后指出，由于20世纪90年代初到90年代中期，美国经济持续增长，居民收入水平也随之提高，因此居民消费需求发生了一些新的变化。其中之一是全家周末外出旅游成为一种时尚。由于小轿车空间有限，难以放下外出旅游所需的帐篷、餐具等日常用具，因此，一种能够放下较多物品的客货车，成了美国居民争相购买的目标，成为新的消费热点。

另外，在今日美国，大约还有一半家庭只拥有1辆汽车。在这些家庭中，有不少人还想再买1辆车。这也是一个很大的消费因素。

目前，具有一定工业发展水平的国家，普遍十分重视本国汽车工业的发展。这与汽车工业自身的特点密切相关。

汽车工业的发展，可以推动一大批其他工业部门的发展。据统计，1980年日本汽车工业消耗了本国生产的17.5%钢材、20.6%特种钢材、53.2%橡胶、61.2%弹簧、80.6%铝锭、32.6%轴承、10.1%聚氯乙烯、11.1%涂料。汽车工业还是各种机械、电器、仪表设备的最大用户，也是微电子、工业机器人等新技术的主要应用领域。汽车工业发展，还大大促进了公路建设。1921～1930年间，美国公路长度增加了一倍。汽车工业的就业容量巨大。据统计，1988年底，我国汽车生产企业人员、与汽车行业直接相关的人员，占当年全国职工总数的9.2%。在美国，每6个就业人口就有1人直接或间接地从事汽车生产和服务工作。但是，国外也有人认为，大量使用汽车会带来一系列问题。在西方，甚至还有人认为，汽车是人类的"第一杀手"。他们为什么这样认为呢？自从汽车问世以来，全世界因车祸丧生的人数已超过2000多万，致残的有四五亿人。美国每年约有5万人因交通事故而死亡，受伤人数接近200万。车祸、心血管病和癌症成了美国人的"三大杀手"。汽车排出的废气含有多种危害人体健康的物质，在不少大城市，汽车成了大气污染的最大污染源。汽车还大量消耗宝贵的石油资源。据统计，世界石油总产量的好几成是被汽车消耗掉的。在一些发达国家，人们心血管病的多发与汽车也不无关系。因为汽车的使用造成一些人户外活动的减少，而活动减少则是导致心血管病多发的一个因素。

那么，人类应该如何合理评价汽车的"功"和"过"呢？目前，大多数人比较一致的看法是，取消使用汽车是不现实的，而生产安全、节能、环保的汽车，是一个明智之举。在人多和交通拥挤的大城市，应该优先发展公共交通。

为什么土特产品只出在特定的地区

　　青岛啤酒龙井茶，烟台苹果哈密瓜，东北木耳茅台酒，舟山黄鱼渤海虾。我国各地有各种各样的土特产品。它们享有很高的声誉，也深受人们的喜爱。人们在享用这些土特产品的同时，不禁要问，为什么土特产品只出在特定的地方？为什么换一个地方，往往就不能培育出原先的那种土特产品呢？

　　现在，人们对各种土特产品的形成原因，已进行了不少研究。虽然还有不少问题有待进一步探讨，但不同地区的不同地理环境，对土特产品的形成无疑有着深刻的影响。我们以一些土特产品为例来说明一下。

　　茅台酒是我国名酒之一，已有270多年的生产历史。茅台酒酒色晶莹清冽，酱香独特，香气幽雅，酒味柔和，回味隽永，饮后沁人心脾。在1915年巴拿马万国博览会上，茅台酒一举荣获金质奖章。在国内历届评酒会上，茅台酒均蝉联国家名酒的称号，有"国酒"、"外交酒"的美誉。

　　贵州省遵义市西的茅台镇四面群山环抱，温暖湿润，夏季炎热而少风，是酿酒发酵的理想场所。镇前的赤水河由山泉汇流而成，水质特别好，水纯而甘甜，是酿酒的理想水源。茅台镇的土壤也很特别，是一种橘红色的朱砂土，酿酒的发酵池用此土做成，从而使茅台酒有独特的风味。

　　据说，有人在别处也用赤水河的水作为水源酿酒，结果还是酿不成具有这种独特风味的茅台酒。对此有人认为，茅台镇空气中有一种特殊的细菌，它在酿酒过程中起到了特殊的作用，而别处无这种细菌，自然酿不出品味醇正的茅台酒了。

　　再看青岛啤酒，该酒色清透明，香气纯正，口味醇厚，泡沫细腻而洁白，为国产啤酒之著名品牌，荣获国家金质奖章。青岛啤酒之所以品质优良，有一个十分重要的原因，即它用著名的崂山矿泉水作为原料。崂山矿泉水晶质优良，含有丰富的钾、钠、钙、镁等矿物质，口感清纯，还有多种保健作用。

我国不少地方出产名茶，如浙江的龙井茶，汤色翠绿中带微黄，味醇而香浓；安徽的黄山毛峰，清香诱人，叶厚而耐泡；江西的庐山云雾茶，汤色清绿，鲜爽可口；江苏的碧螺春茶，据说原名叫做"香煞人"，康熙南巡时感到此名不雅，遂赐名"碧螺春"。此茶芳馨沁人肺腑，茶味甘醇隽永，为我国绿茶中的珍品。江南为什么会形成这些名茶品种呢？

原来，茶叶喜欢生长在温暖湿润、云雾缠绕的山地丘陵。它喜温而又怕强烈的阳光照射，喜湿而又不宜根部被水浸泡。我国江南多山地丘陵。一些地方江河湖泊相邻，终日云雾飘浮不散，特别有利于茶树的生长。

我国不少地方出产黑木耳，但品质优良者则产自黑龙江省。黑龙江所产的木耳朵大而呈莲花状，色黑而有光泽。

黑木耳营养丰富，常食之能够降低血脂，是一种保健食品。据说一位华人在美国被查出患有高血脂症，一段时间之后，再去医院复查时，血脂恢复了正常。美国医生感到迷惑不解，问及饮食，这位华人说，他每天均吃一些黑木耳炒肉片。因此有人认为，黑木耳具有神奇的降血脂功能。黑龙江省出产优质黑木耳，是因为这里有面积广大的柞树林，而柞树特别有利于优质黑木耳的生长。在柞树的干枯枝杈上，还生长着口味鲜美、营养丰富的猴头菇。

我国辽宁省出产肉质鲜美的对虾和名贵的海产品鲍鱼，且以品质优良著称。这与辽宁省的近海环境有关。对虾喜欢生活在海底为泥沙的浅海一带，每年3～4月，随着水温升高，黄海的对虾游到北部的渤海产卵，到了11月，随着水温下降，新生的对虾又向南游至黄海，因此辽宁沿海是捕捞对虾的好地方。鲍鱼虽然名叫鱼，其实它属于单壳贝类。鲍鱼喜欢生活在水流急、海藻多的岩礁地带。在渤海沿岸的大连和长山八岛一带，正好符合鲍鱼的生长条件。这里出产的鲍鱼个大而形圆，是鲍鱼中的优良品种。

西北内陆新疆、甘肃等地出产的瓜果，糖分含量高，品质好，远近闻

△ 西藏牦牛

名。哈密瓜有多个品种，如皮色金黄、肉质细白的"黄金龙"，青皮红瓤的"红心脆"，皮上有墨绿色条纹而瓜瓤呈翠绿色的"黑眉毛"等。甘肃的兰州白兰瓜皮白而瓤绿，香甜可口。据说吃了白兰瓜后，要马上把嘴唇擦干净，否则蜜蜂会来叮嘴唇。西北内陆出产糖分高、口感好的瓜果，与当地气候条件密切相关。这里夏季光照充足，昼热夜凉，有利于晚上减弱瓜果的呼吸作用，使其大量养分积累起来。这里有冰雪融水进行灌溉，灌溉水洁净，也没有下雨连绵不断而造成田间积水的状况。这些条件，使西北内陆地区的瓜果特别香甜。

我国西藏出产牦牛。牦牛不仅肉质鲜美，而且耐寒冷，善驮运，有"高原之舟"的美称。牦牛的绒毛又多又长，有利于抵御青藏高原严寒的天气。另外，西藏还出产麝香、雪莲、虫草、贝母等贵重中药材。

上述土特产品的例子表明，一地土特产品的形成，常常与一地气温、光照、水分、土壤、水质、植被等多种因素有关，也与一地居民特有的生产工艺和技术相连。小小土特产品，往往蕴含着十分丰富的地理知识。

为什么经济发展容易此起彼落

　　人们一般认为，随着一个国家或地区经济的发展，各类产业均应获得发展，然而事实却并非如此。在一个国家或地区里，随着经济的发展，某些产业获得了巨大的成功，而另一些产业却不可避免地走向衰落。这是怎么一回事呢？下面我们来分析一些例子。

　　长期以来，马来西亚的天然橡胶产量一直位于世界首位。在1979～1981年间，马来西亚平均年产天然橡胶153.7万吨，而同期印度尼西亚的天然橡胶年产量为98.2万吨，泰国仅为50.2万吨。在20世纪80年代末，马来西亚天然橡胶产量还是位居世界首位，1988年，马来西亚生产天然橡胶166.2万吨，超过当年天然橡胶产量居世界第二位的印度尼西亚40多万吨（该年印度尼西亚生产天然橡胶123.5万吨）。进入20世纪90年代后，马来西亚天然橡胶生产出现了全面滑坡。1991年，马来西亚天然橡胶产量被泰国超过，失去了"橡胶王国"的桂冠。之后，马来西亚天然橡胶生产的地位进一步下降。据联合国粮农组织数据库的资料，在2000年，世界上生产天然橡胶最多的是泰国，产量为224万吨；第二位是印度尼西亚，产量为149万吨；马来西亚位居第三，产量仅为77万吨。可见，今日的马来西亚，不仅不能称为"世界第一天然橡胶生产国"，而且产量已被泰国和印度尼西亚远远超过。马来西亚天然橡胶生产为什么会发生衰落呢？

　　我们知道，在20世纪90年代，马来西亚的经济发展比较快，一些新兴的工业部门，如电子工业，获得了高速的发展。1996年，马来西亚人均国民生产总值达到4370美元，大约是泰国的1.5倍，是印度尼西亚的4倍。与此同时，马来西亚劳动力成本抬升，平均工资超过泰国和印度尼西亚的1／3甚至1倍。而天然橡胶生产需要花费大量的劳动力。一般一棵橡胶树每隔一天需要割一

△ 马来西亚天然橡胶园

次胶，一个工人每天工作10小时，大约只能割400棵橡胶树。这样一来，马来西亚天然橡胶生产的劳动力成本大大超过其附近的泰国和印度尼西亚。在马来西亚，经营天然橡胶生产的利润明显地减少了，这就造成天然橡胶生产的萎缩。马来西亚的年轻人也因为割胶收入不高，纷纷流入他地谋生，这也给橡胶生产带来不利的影响。

我们再来看看我国粮食生产格局的变化。我国建国以后，长期以来是南粮北调的局面。我国南方是亚热带和热带湿润地区，水热条件优越，适宜粮食作物生长，人们也有长期积累的种植水稻的生产经验，粮食亩产水平明显高于北方地区。因此，南方每年有余粮调往北方。但是，近年来，我国粮食生产的格局发生了重大变化。现在不是南粮北调，而是北粮南运——北方的粮食大量运往南方。这又是怎么造成的呢？

我们知道，近些年来，我国东南沿海地区经济发展比较快。但这些地区的农民发现，就经济收益而言，种粮食作物不如种经济作物。例如，据1994

年统计，东南沿海每亩地的纯收益是：种粮食143元，种油料作物251元，种水果收益更高。种地与务工或经商相比，种地的经济收益一般又不如后者。于是一些粮田改种了别的作物，一些农民不再种地而去务工或经商，使粮食生产受到严重影响。而我国北方地区土地资源比南方丰富，一些地区通过农田水利建设、改良低产田和选用优良品种等措施，粮食产量大大提高。如过去自然灾害频发的黄淮海平原，现在也成了我国一个重要的粮食产区。于是，北方粮食有余，南方粮食不足，北粮南运自然产生了。

　　类似的例子还很多。例如，苏北地区具有劳动力价格比较低的优势。这里的农民养鸡，进行禽蛋的生产，就很有竞争力。又如，我国利用劳动力资源丰富的优势，大力发展劳动密集型产业。现在，我国已成为世界服装、鞋类、空调机等产品的出口大国，而美国则从劳动密集型产业中撤出，集中力量发展高技术产业和第三产业。这一切告诉我们，经济欠发达的地区，可以充分利用其劳动力价格低的优势发展生产。这一切也告诉我们，随着一个国家或地区经济的发展，其劳动力价格会逐渐上升，它就会逐渐失去发展劳动密集型产业的优势。适合它发展的是高技术产业和第三产业。因为在经济发达的国家或地区，其科学技术水平一般比较高，居民和社会各行各业也产生了更多的服务需求。讲到这里，我们不难理解，一个国家或地区，在其经济发展到一定程度之后，必须及时调整其产业结构。这样，才能发挥其地区优势，使其经济进一步发展。

为什么一些国家的经济会高速发展

日本国土面积有限，约为38万平方千米，但日本人口却比较多。据2000年统计，日本人口达到1.27亿，故人口密度相当大，达到336人／平方千米，是一个人多地少的国家。日本发展工业的矿产资源严重不足，煤、铁、石油、有色金属等主要依赖进口。这些，对日本经济发展带来极为不利的影响。但是，日本近半个世纪以来一直重视教育，有大量高素质的劳动力。加上日本多优良港湾，为发展海运提供了优越的自然条件。日本充分发挥这些优势条件，大量从国外通过海运运进原材料，经在本土对它们进行加工后，制成钢铁、机械、汽车、轮船等产品大量出口，使其经济获得巨大的发展。现在，日本的国民生产总值已居世界第2位，仅次于美国，人均国民生产总值达到32230美元（2000年），超过欧美大多数发达国家的水平。

瑞士是又一个经济发展卓有成效的国家。瑞士是一个内陆国家，无出海港口，对外交通有所不便。瑞士矿产资源也不足，大部分地区属于阿尔卑斯山山区，地势比较高，素有"欧洲屋脊"之称，这对发展耕作业也有不利的影响。但是瑞士多高山和峡谷，山间湖泊风光秀丽，因此瑞士大力发展旅游业，旅游业为瑞士带来大量的外汇收入。以湖光山色著名的日内瓦城，每年吸引大批游人前往，许多世界重要会议在此召开，故日内瓦有"世界会场"之称。瑞士还发展需要原材料相对较少而对技术要求较高的精密机械加工业，瑞士的钟表业享誉世界，所产钟表95％供出口。瑞士还利用其"中立国"的地位，大量吸收外国资本，大力发展金融业，使其也为国民经济发展作出重要贡献。现在，瑞士的人均国民生产总值高于美、日、德、法等国。1996年，瑞士人均国内生产总值达到4.16万美元，成为世界上知名的富裕国家。

地处西亚的沙特阿拉伯，则是另一种经济发展模式。沙特阿拉伯境内气候干旱，水源缺乏，沙漠广布，沙漠面积约占全国的一半。沙特阿拉伯过去是一个落后的游牧国家，大部分居民过着世代相传的游牧生活。后来，沙特阿拉伯发现了异常丰富的石油资源。1980年，其石油产量达到4.96亿吨。此后20多年，平均年产石油4亿吨上下，是目前世界上生产石油最多的国家。而且，沙特阿拉伯石油储量十分丰富。据1991年的统计，那里的石油探明储量约占当时世界的26％。丰富的石油给沙特阿拉伯带来了巨大的财富。若按每吨石油200美元计算，沙特阿拉伯一年4亿吨上下的石油产量可给它带来约800亿美元的收入。若把这些收入平摊在该国2035万人口之中，平均每人可得将近4000美元，这相当于今日许多发展中国家人均国民生产总值的好几倍。沙特阿拉伯利用石油出口，获得大量外汇，再用这些资金大力发展石油化学工业、农业等部门，使本国经济逐渐走向了多样化。

新加坡的经济发展是又一个扬长避短的典范。新加坡的国土面积仅为641平方千米，但人口达到402万（2000年），人口密度超过每平方千米6000人，是世界上人口密度最大的国家。面对巨大的人口压力，新加坡充分利用其扼守马六甲海峡这一独特的地理位置优势，利用船舶在此停靠需要提供维修、炼油服务的机会，大力发展造船修船业和炼油工业。现在，新加坡不仅能够修造多种多样的船舶，而且还发展成为重要的世界海洋石油钻井平台的生产基地。新加坡还成了东南亚的石油加工中心，石油加工能力约占东南亚的40％。在20世纪70年代后期，新加坡利用本国人力资源优势，开始大力发展电子工业。现在，新加坡在电视传真设备、电话、光纤光缆等领域，均形成相当大的生产规模，其电脑硬盘驱动器的产量居世界前列。新加坡还利用其城市环境优美、航空交通方便、购物便宜等优势，大力发展旅游业，每年接待大量外国游客。1995年，"弹丸之地"的新加坡接待了近714万人次的外国游客，该数大大超过了本国人口数。1996年，面积不大的新加坡旅游外汇收入高达94亿美元，旅游业也为新加坡的经济作出了不小的贡献。1998年，新加坡人均国民生产总值达到32940美元，超过大多数欧美发达国家的水平。

上述几个国家发展经济，分别有自己的有利条件，也各有一些不利因

△ 新加坡风光

素。这些国家经济发展成功的共同之处是充分发挥了自身有利条件的作用，避免了不利因素的影响，形成了各具特色的经济发展模式。这就是经济发展上的"扬长避短"。事实证明，"扬长避短"是今日世界许多国家和地区经济高速发展的一个法宝。

为什么图瓦卢要进行全国移民

2001年11月15日，太平洋西南部岛国图瓦卢领导人宣布，图瓦卢对抗海平面上升的努力已告失败，图瓦卢将放弃自己的家园。图瓦卢全国1.2万居民将全数移民至新西兰。

图瓦卢由9个珊瑚小岛组成，面积26平方千米，出产鱼翅、椰子、香蕉等。为什么图瓦卢要全国移民呢？

图瓦卢全国移民的原因是全球气候变暖，导致海平面不断上升，这对地势低洼的图瓦卢来说，将会造成极大的生存问题。目前岛上已有许多坑洞被海水灌入，居民可居住面积越来越小。有人估计，图瓦卢的岛屿将在50年之内全部被海水淹没。面对这样的情况，图瓦卢不得不选择全国移民的办法。

有资料介绍，在过去的100年中，全球陆地气温平均升高超过0.5℃，而且高纬度地区增温现象十分明显，增温幅度大大超出全球平均水平。还有报道，1998年的全球平均气温比19世纪末高出将近0.7℃。全球变暖问题引起人们很大的关注。世界气象组织在每年年终都发布公报，报道最新的全球气温观测记录。令人十分揪心的是，今后全球变暖趋势不仅将延续，而且增温幅度将比以前明显加大。联合国关于气候变化政府间小组发布的"2001年的气候变化：影响、适应能力与脆弱性"报告指出，从现在起到2100年，地球温度将上升1.4～5.8℃。

近年来，人们也普遍感到冬天比较暖和了。实际上，我国自1986年以来，已连续出现了暖冬天气。2001～2002年的冬季，苏州市的平均气温高于常年2.7℃。2002年1月11日至15日，苏州连续5天的平均气温在10℃以上。苏州西山的梅花提前开放，茶树也提前长出了嫩绿的新芽。这种暖冬天气正是全球变暖的一个反映。那么，为什么人们十分关注全球变暖问题，全球变暖

△ 图瓦卢海岸线快速度倒退，全国陆地面积仅剩26平方公里

趋势将会给人类带来什么后果呢？

　　全球变暖会造成极地冰川大量融化，加上升温使海水体积膨胀，将会使海平面上升。有人推测，2100年海平面将上升0.3～1米，这将对沿海居民造成极大的影响。据预测，如果海平面上升1米，可能会淹没孟加拉国17％的土地，大约使1100万人无家可归。在尼罗河三角洲，海平面上升1米也会使600万人流离失所。现在世界上人口超过1000万的大城市大多位于沿海地区，海平面上升将可能给这些城市造成巨大的危害。

　　全球变暖还会造成中纬度地区频繁受到热浪的袭击。这对生活在本来气温就比较高的大城市居民来说，危害就更大。上海的医疗机构发现，当上海的气温超过某一限度时，全市日死亡率便会急剧上升。国外也有类似的情况。1995年7月美国芝加哥在4天的热浪期间，共有726人因高温而死亡。

　　此外，全球变暖还会造成大部分热带亚热带地区农作物减产；沙漠化面积扩大，使干旱地区的饮水问题更加严重；由于雨水增加和海平面上升，人类将面临更大的洪涝灾害；夏季空调使用量增加，导致能源消费量增加；热带的一些传染病可能威胁更多的人口。全球变暖已使一些地区受到了影响。

例如，据中国科学院的监测，我国祁连山的冰川正以每年2～16米的速度退缩，雪线上升，使受冰川融水补给的河流径流量减少，发源于祁连山冰川的黑河出现了历史上首次长达100多天的断流，使河西走廊400多万亩土地的灌溉受到严重影响。

全球气候变暖也会给人类带来一些益处。例如，在严冬，因低温而引发的人畜死亡会有所减少；在一些纬度较高的地区，气温升高可能会带来植物较长的生长季节，有利于扩大耕作范围。但是，这些益处远远不足以弥补全球变暖给人类带来的危害。

为什么会造成全球变暖呢？

目前，据一些权威机构的研究，大气中二氧化碳含量增加是造成全球气候变暖的根本原因。二氧化碳对太阳辐射几乎不吸收，但它却能强烈吸收地面放出的热量，吸热后又把相当一部分热量返回给地面，因此二氧化碳对地面有保温作用。自工业革命以来，大气中二氧化碳含量一直在增加，到2030年，预计包括二氧化碳在内的温室气体浓度将为工业革命前的2倍。

也有人认为二氧化碳含量增加是造成全球变暖主要因素的观点持不同意见。他们指出，近百年来大气层二氧化碳含量一直是上升的，但20世纪40年代后气温却有所下降，这用二氧化碳浓度增加造成增温的理论是无法解释的。在距今8000年前到距今6000年前之间，全球温度也曾上升3～4℃，这也不能用二氧化碳浓度增加来解释。他们认为，全球气温变化的影响因素很多，全球变暖的机制可能比人们想象的复杂得多。但是，目前许多学者还是赞成二氧化碳含量增多是全球变暖主因的说法。

人们能够做些什么，来制止或减缓全球变暖的趋势呢？

一是进行能源消费的改革，多用水电、核电，积极开发利用各种新能源，减少煤炭和石油的燃烧；二是大量植树造林。因为森林能够有效地吸收二氧化碳，据报道，每生长1吨木材可吸收1.47吨二氧化碳。在20世纪70年代中期到90年代中期，我国的地面植被共吸收了近5亿吨的二氧化碳。另外，也有科学家提出，可将二氧化碳液化后注入海底岩石中，并进行了实践。这些，都是人类阻止全球变暖的不懈努力。

好战是人类的天性吗

在这个争端不断、烽烟四起的年代，有一个问题一直困扰着科学家们：人类是否天生好战？我们的激素或基因是否注定了战争无法避免？柏拉图说："只有死者见过战争的终点。"难道被他不幸言中？

一些研究战争、侵略和早期历史的专家们倾向于相信嗜血和好战并不是天生的。相反，最新的在游戏理论领域的研究表明，人类更喜欢合作，而合作的策略很快会达到"依恋"的程度。专家指出，想象一个战争受到一致谴责的未来并不等于过于乐观。

奴隶制曾为公众所接受，而今天奴隶制变成了绝对不能容忍的罪行。什么时候战争才能引发人们同等的厌恶和唾弃？研究者说，这一天肯定会到来，虽然可能要等到又一颗核弹爆炸之后。爱因斯坦说："我不知道第三次世界大战将使用什么样的武器，但第四次世界大战可能是棍棒和石头的较量。"

难以否认的是，战争是一种很难戒掉的恶习。加利福尼亚大学的军事、历史和古典文学专家雅克·汉森说："人类历史上和平的年代非常稀有。"在西方历史上，公元100～200年是唯一和平的100年，当时正处于罗马帝国的极盛时期。

考古学家和人类学家在研究人类文明遗址后发现95％的文明都留下了黩武主义的证据。一些一度被认为是热爱和平的族群——比如玛雅人、萨摩亚人——最终被证明与其他民族一样凶暴。少数较孤立的文明确实存在过长久的和平。比如古代克里特岛人曾有1500年没有发生战争，但他们建立了威慑入侵者的强大海军。

战士们往往享有崇高的地位，是最受女性青睐的伴侣。如果他们本身并不招人喜爱，他们的长矛也是绝佳的求爱武器。最近，遗传学家发现，成吉思汗在征服亚洲的过程中也征服了许多女人。今天，全世界可能有1600万男人是他的后代。

在灵长类动物中沉迷战争的不只有人类。与人类共享98％基因的黑猩猩中的雄性成员常在领土交界上恶

△ 黑猩猩打架

战，它们的目的只有一个——消灭对手，如此多的雄性战死沙场，成年黑猩猩的雄雌比例总是1：2。

然而黑猩猩中的另一分支倭黑猩猩却是和平爱好者，它们惯常用复杂的性行动解决许多社会冲突。倭黑猩猩之间极少发生流血大战，它们的雄雌比例是和谐的1：1。倭黑猩猩在基因上与普通黑猩猩一样是人类的近亲。那么倭黑猩猩和普通黑猩猩究竟谁的行为方式更能反映人类的行为根源呢？让我们自己判断吧。

还有一个可供参考的对象——阿拉伯狒狒。阿拉伯狒狒行为极其傲慢，但绝不愚蠢。如果你把一颗花生扔到一只雄狒狒面前，它会毫不犹豫地捡起来吃掉。但如果你把一颗花生扔到两只雄狒狒面前，两只狒狒都不会理睬，它们表现得就像花生不存在一样，因为它们知道不值得为了一颗花生弄得头破血流。

虽然人类历史上战争不停，但研究者坚持认为这不能说明问题。纽约宾厄姆顿大学的生物和人类学教授大卫·斯隆·威尔森博士说："如果你考虑到仅仅在1.3万年前人类才发现农业，我们所谓的人类历史从那时才开始，你就会发现供我们创造全球和平的时间并不充裕。"

在这短短的1.3万年里，许多合作组织不断壮大，从许多方面说世界更和

平了。芝加哥伊利诺伊大学的人类学教授苏伦斯·凯利博士说，20世纪的战争造成了约1亿人死亡，但如果按工业革命前战争伤亡比例，20世纪战争可能造成20亿人死亡。

一个国家的性情其实可以发生突然的转变。比如维京人一度横行北欧海域，烧杀抢掠无恶不作。但维京人在瑞典的后代们已经有200年未参战，丹麦人也是维京人的后代，他们把战斗的精神用在了商业谈判桌上。太平洋新几内亚岛上的高地部落曾以好战闻名。加州大学的文化演变专家彼得·里查森博士说，第二次世界大战后，当澳大利亚巡警向岛民宣布禁止部落战争后，这些新几内亚人感到由衷的高兴，原来他们一直在等待一个停止战争的借口。

游戏理论实验的结果也相当具有说服力。游戏参与者可选择欺骗策略，这样赚得更多，但也可能让大家都赔钱；另一个供选择的策略是合作，这样大家都可获得少量但稳定的回报。世界各地的实验均表明，人们更喜欢选择合作而不愿为个人暴利去冒险。

埃默里大学的心理学教授及灵长目学家弗兰斯·德瓦尔博士认为，促进和平的方法之一是鼓励国家之间的依赖和合作，鼓励像欧盟一样的国际组织。他说："假如现在法国发动对德国的战争，这将影响两国经济的各个方面，首先法国旅游业将失去大量的德国游客。欧盟的成立不表示欧洲人都热爱他们的邻国居民，联盟主要是出于经济的考虑。"当然除了钱之外，还有其他的好处：取笑滑稽古怪的外国游客这项有益国民健康的运动带来的乐趣是无法贴上价格标签的。

人类能蔑视死亡吗

　　我们是地球上唯一能预见到自己总有一天会死的动物，但是我们常常忽略这个问题。我们为何没有时常被吓得腿脚发软？很多人从来没有考虑过这个问题。但有些心理学家说，对死亡的恐惧其实在我们的思想和行为中占据着中心地位。他们认为，死亡的念头如此恐怖，以至于我们的思想已进化出了抑制恐惧的机能，它决定了我们如何构筑社会、对待他人和看待自我。

　　以这种想法为基础形成了一派理论，名为恐惧控制理论。它声称要解释当有事件对永恒之假象或我们强加给世界的意义构成威胁时人们的反应。这套理论能够解释"9·11"恐怖袭击事件引发的后果：美国星条旗销量骤增，排外主义高涨，美国人团结在一位本来被很多人视为失败者的总统周围。恐惧控制理论的拥护者说，更重要的是，预测人们面对自己死亡时的反应有助于我们培养更高尚的本性，例如宽容、利他主义和创造力；以及抑制邪恶的本性，例如歧视、憎恨和侵略性。

　　这种思想诞生于数十年前。1974年欧内斯特·贝克尔获普利策奖的作品《拒绝死亡》引发了谢尔登·所罗门、汤姆·佩什琴斯基亚和杰夫·格林伯格这3位好友的思考。这3名心理学家奇怪人类为何努力抵御别人的抨击以维持自己的尊严，为何如此执著于自己的世界观，例如宗教或关于人生意义的信仰。贝克尔似乎提供了一种解答，他说，这些都是我们用来缓解对死亡恐惧的工具。

　　他是否抓住了问题的要害？格林伯格、所罗门和佩什琴斯基亚这3位来自美国不同大学的心理学家认为，这个论点值得加以验证。他们的第一个实验是测试在意识到生命无常、必有一死后，人们随之对违反自己价值观的人的态度会受到多大影响。为此，他们首先请一组法官对自己死时会出现的情况及其感受写几句话。随后让这些法官对一名假设受到卖淫指控的女性裁定保释金。另一组法官也需要就此作出裁决，但事先并没有让他们想到自己的死亡。结果产生的差异非常显著。第一组裁定的保释金平均值为455美元，而第二组仅为50美元。想到死亡显然令法官们对违背自己价值观的人更加苛刻。

接下来，为了研究对死亡的恐惧与自尊之间的关系，这3位心理学家召集了两组志愿者，发给他们伪造的性格测验结果。第一组在测验结果中得到了积极评价，而第二组的评价不太高。然后每组各有一半人观看有死亡镜头的电影片断，而另一半观看一般的电影片断。事后研究者问志愿者感觉如何，考察他们的紧张程度。他们发现，被激发起自尊的人观看与死亡有关电影片断时的紧张程度与观看一般片断的人相同。而在没有被激发起自尊的人当中，电影中的死亡镜头比一般镜头所导致的紧张程度高得多。格林伯格说："自尊的作用是让我们相信自己很了不起。我们优于动物的想法让我们自信不会受制于衰老和死亡的自然法则。"

所罗门、佩什琴斯基亚和格林伯格相信有了重大发现。他们指出，将宇宙想象成一个充满秩序和意义的世界有助于人们克服对死亡的恐惧。包含灵魂、投胎转世和来世等概念的世界观带来了永生不灭的观念。另外，通过与国家、组织和事业等比我们自身更强大、更持久的实体相联系，通过对自我存在的实实在在的证明，例如孩子、金钱和具有文化价值的成就，我们还能获得象征性的永生。反过来，我们也通过遵守自己观念中的标准和价值观来获得自尊。

起初这些理论受到了质疑，但自从1985年第一篇论文发表以来，人们共进行了200多项研究。所有研究无不显示，一旦得到人必有一死的提醒，我们总会做出预料中的一些反应。

其中很多实验表明，死亡提示会影响我们对某方面价值观与我们相同或相悖的人的反应，而且这种影响涉及到方方面面。亚利桑那大学的霍利·麦格雷戈及其同事发现，接受死亡提示之后，人们给怕吃辣的政见相左者添加的辣酱往往多于给怕吃辣的政见一致者。相反，先前没有得到死亡提示的人给两组人添加辣酱的量大致相同。

还有科学研究显示，死亡提示会增加人们对文化准则——其所在群体所认同的品质或行为的遵从。格林伯格在一次研究中发现，当人们在殡仪馆附近接受调查时，他们对慈善行为的评价比在大街上接受调查时更高。在另一项调查中，研究者对美国的实验对象提出了两个问题：第一个问题的最佳解决方案是在美国国旗上喷洒黑色颜料；第二个最佳解决方案是用带有耶稣受难像的十字架敲钉子。那些被迫想到自己死亡的人处理这些问题所需的时间比一般人长得多。所罗门、格林伯格和佩什琴斯基亚认为，这是因为死亡的念头令他们对亵渎美国和基督教象征物感到不安。

恐惧控制理论引起争议的部分是它坚持认为对死亡的恐惧是人类几乎全部思想和行为的根源。这怎么可能？因为大多数人说很少想到死亡。

为了解决这个难题，所罗门、佩什琴斯基亚和格林伯格一直试图找出相关的思维程序。他们与密苏里—哥伦比亚大学的杰米·阿恩特合作进行的研究发现，在得到死亡提示之后，实验对象不会立即表现出生理上的焦虑迹象，而且还会声称并不担心。所罗门说："第一反应是主动抑制过程，似乎要掩盖对死亡的意识。"几分钟后，与死亡有关的思想开始无意识地表现出来。人们变得更容易由提示的字母"coff-"联想到与死亡有关的词，例如想到"coffin（棺材）"，而不会想到"coffee（咖啡）"。最后，10~15分钟之后，实验对象出现预期的反应，即巩固自己的自尊并重申价值观，这反过来似乎抑制了下意识的死亡想法。

因此，恐惧控制理论专家认为，帮助我们克服死亡恐惧的精神防卫有两种不同的方式。人们主动抑制有意识的死亡思想，但无意识的死亡思想则导致了实验中出现的反应。他们说，这种区别对于该理论有着重要意义，因为这解释了基本属于下意识，但永远存在的死亡认知，如何在很多方面影响我们的行为，以及为何我们仍然能正常生活而没有吓得要死。

但恐惧控制理论进一步提出，意识到自己生命有限是如此令人腿软，因此当我们的祖先意识到这一点时，他们不得不对自己的世界进行大力改造以适应它。没有人确切知道这种认知形成于何时，但很可能是在人脑变得日益复杂，至少是具有自我意识并能思考过去、现在和未来之后。该理论的拥护者说，认识到生命有限导致了宗教体系、群体定位、具有文化价值的工艺品和成就以及其他所有文化附属品的发展。所罗门说："几乎所有将人类区别于其他动物的事物，无论是直接出现的还是后来形成的，都是我们用来帮助自己应对这个问题的。"

但这些说法激起了一些进化论人类学家的愤怒。他们指出，进化论已经解释了我们丰富的文化生活和人们受到威胁时出现的团结协作倾向。他们说，被自己会死的念头吓倒不符合人类的本性。相反，就像所有动物一样，我们在面对具体的威胁——例如蛇、一个挥舞着斧子的人或身处高空——时才会产生恐惧。恐惧心理的形成有其目的——它让我们的身体准备对即将来临的危险作出反应。因此，关于人类进化出抑制所有恐惧和焦虑的机制的说法是无稽之谈。

这对恐惧控制理论造成了哪些影响？人们对这项理论也许还存在争议，但没有人怀疑我们面对死亡的反应方式确实耐人寻味。在这个战争、暴力和恐怖主义随处可见的世界，能预测人们在这些情况下的行为具有实际意义。这些威胁可能加剧歧视和隔绝，但有实验表明，如果你首先提醒人们其所在社会团体的积极价值观，死亡提示可以激励人们表现出宽容、公平和慷慨等品质。不用说别的，单单是认识到发生另一场"9·11"事件必然会造成哪些反应，就有助于维持政治稳定。

什么使你与众不同

在人类的塑造过程中，到底哪种力量更强大，是天性还是教化？

2001年2月11日，伦敦《观察家报》重新点燃了这场旷日持久的争论。那篇报道的大幅标题是《真相大白：人类行为的秘密——决定我们行为的是环境，不是基因》。消息来自白手起家的"基因研究奇人"克雷格·文特尔。文特尔创建的私营企业与纳税人和慈善机构资助的国际集团同时排出人类基因组的全部顺序。对这一研究结果的最初分析表明，人类只有3万个基因，而不是像从前估计的那样有10万个基因。文特尔对《观察家报》说："我们根本没有那么多基因来支持生物决定论。人类奇妙的多样性并非基因密码固有的东西。我们所处的环境起到决定性的作用。"

其实，人类基因的数量改变不了什么。正如一位科学家指出的，只需33种基因（每种基因有两种选择：开启和关闭）就足以使世界上的每个人各不相同。幸好，我们没必要用这种复杂的运算让大家安心；没人因为听说我们的基因只比虫子多一倍就羞辱而泣。

但是，人类基因组计划以及此前进行的几十年研究的确帮助人们对基因发挥作用的过程有了更加深刻细微的认识。起初，科学家详细叙述了基因如何为构成人体细胞的各种蛋白质编码。20世纪80年代以后，他们得出更为复杂，最终也更令人满意的发现：经历可以更改基因表达。直到现在，科学家才悟出这其中包含的重大意义：学习过程本身就是基因的开启或关闭。我们把基因组的"盖子"开得越大，经验对基因的影响似乎就越强。

这是对建造生命的基础材料的全新认识。这种认识基于一个发现：基因并非传自父母的不可改变的东西，而是我们生命中积极能动的参与者；从我们被孕育的那一刻起，我们的每种经历都对基因产生着影响。

△ 沃森和克里克(发现DNA)双螺旋结构

就目前来说，最强烈意识到这种新情况的是科学家，他们的一切看法都由此改变：从身体在子宫里的发育到新物种的出现，再到某些人为什么会不可避免地成为恋等。但是，最终随着大众逐渐接受基因与环境相倚相存的观点，变化很可能出现在教育、医药、法律和宗教等众多领域。节食者可能会确切了解什么比例的脂肪、碳水化合物和蛋白质对他们缩减腰围最有效。神学家或许会根据"学习能扩大我们选择自身道路的能力"这一观点形成关于自由意志的全新理论。正如哥白尼500年前提出的日心说一样，我们现在也说不清这种新的科学模式将产生多大反响。

要理解到底发生了什么，你必须抛弃你所珍视的旧有观念，开放你的头脑。你必须进入一个新的世界。在这个世界，基因不再像操纵木偶一样操纵你的行为，而成了受你行为操纵的木偶。本能不是学习的对立面，环境影响往往不像遗传影响那样可以逆转，而天性原本就是为了适应教化。

比如，对蛇的恐惧是最常见的人类恐惧症。但是用猴子进行的试验表明，这种对蛇的恐惧仍然必须通过观看其他个体对蛇的恐惧反应才能得来。试验证明，教会猴子怕蛇相当容易，但要教它们怕花却极难。因此，我们继承的不是对蛇的恐惧，而是学会怕蛇的禀性：即一种适应教化的天性。

20世纪80年代，科学家在开始动物基因组研究时有了惊人的发现：果蝇体内一小群称作"HOX"的基因似乎在其发育之初规划着果蝇的身体，告诉它头安在哪儿，腿放在哪儿，翅膀长在哪儿等。但是，随后科学家又在老鼠体内发现同样的基因，这些基因也告诉老鼠身体的各个部位该如何安排。研究人体基因组时，科学家也发现了HOX基因。

像所有基因一样，HOX基因在不同时间和身体的不同部位开启或关闭。这样，基因就可依照其开启时间、地点和方式的不同产生微妙的不同影响。控制这一过程的开关称作启动子。

要让动物的身体构造产生巨大变化，你没必要发明新基因；正如要写一本小说，你没必要发明新词一样。你要做的只是以不同方式开启或关闭这些基因。突然之间，你找到一种机制，可以利用细微的基因差别创造大大小小的基因变化。只需调整启动子的基因排序或增加一个启动子，你就可以改变基因的表达。

从某种意义上说，这让人有点沮丧。在科学家弄清如何在基因组这部"巨著"中找到启动子以前，他们没办法弄明白黑猩猩的制造"处方"与人类有什么区别。但是，从另一种意义上说，这也让人感到振奋，因为它以前所未有的力量让我们想起一个常常被忽略的真理：身体并非天生得之，它们会发展变化。基因组不是建造躯体的蓝图。你可以说，小鸡的胚胎在HOX这种"调味汁"中浸泡的时间要比老鼠胚胎短。同样，某种人类行为的形成发展也需要一定的时间，按一定的顺序出现，就像烤一道完美的蛋奶酥不仅需要合适的配料，而且需要适当的烹饪时间和正确的顺序。

诚然，早先的科学研究暗示了遗传与环境这种重要的相互作用。当巴甫洛夫100年前宣布他那著名的试验时，他显然发现了大脑能够发生改变以获得关于世界的新知识（就他的狗来说，这种知识指的就是铃响表明食物要来了）。但是如今我们知道，是17种基因（称作CREB基因）的实时表达使人脑发生变化。这些基因必须开启或关闭以改变大脑中神经细胞的连接，从而贮存着长期记忆。这些基因受我们的行为支配，而不是支配我们的行为。我们说记忆存在于基因之中，这指的是记忆利用基因，而不是你继承记忆。

按照这种新观点，基因让人的大脑学习、记忆、模仿、铭记语言、吸收文化、表达本能。基因不是行为的操纵者，不是创造躯体的蓝图，也不只是遗传特征的携带者。它们在人的一生中总是保持着积极能动的状态。它们你开我合，对外界环境作出各种反应。基因或许在子宫里指挥了躯体和大脑的

△ 人类对基因不断的研究或许能解开这问题

建造工作。但是紧接着，它们又开始拆毁重建刚刚造好的一切，以适应人的经历。它们既是行为的结果，也是行为的原因。

这种关于基因的新看法能否使我们摆脱关于天性和教化的争论，或者注定每一代人都要把对基因的看法彻底改造一番？与从前不同，今天的科学正极其详尽地解释着基因和环境是如何相互作用的。因此，关于天性和教化到底谁起决定作用的争论可以宣告结束了。但是，人类也许生来就喜欢寻找简单、直线性的因果关系，而不会按照循环的因果关系来思考问题。与量子力学和相对论相似，天性和教化的争论对人类思维来说太违反直觉。就像怕蛇的本能恐惧一样，从天性和教化的角度研究我们自身这种迫切的愿望也许就藏在我们的基因里。

为什么人们对世界的感觉会不同

这是一个经典的哲学问题：为什么我对世界的感觉与你的不同？以一朵红玫瑰为例。我们可能都同意它是红的而不是绿的，但到底什么是"红"？你我所看到的一样吗？

哲学家已经在这个问题上纠缠了数百年。对同样的气味或味道，为什么人们会有不同的感受？感官科学家对其中个因一直很感兴趣。它是完全客观的，还是出于感官体验的某种主观差异？

显而易见的答案是，我们无法得出答案，因为感官体验生来是因人而异的。生物学家最近从新的角度看待这个问题，结论却是我们所熟知的——感官体验非常个人化。费城莫内尔化学感觉中心的神经科学家保罗·布雷斯林说："任何人的感官世界都是不同的。你所看到的景象、品尝到的食物、闻到的气味都是以你独特的方式感觉到的。"

这要归结于我们的DNA。在过去几年里，遗传学家发现了很多与味觉、嗅觉、触觉和视觉等感觉有关的基因。例如，光嗅觉基因就占到人类全部基因的3%，仅次于免疫系统的基因数量。感觉基因不仅数量众多，种类也异常丰富。这意味着不同个体的感觉基因很难完全相同。更重要的是，人们发现一个人的基因系统会影响他对世界的感觉。有些科学家甚至认为一个人的感觉系统对他的人生甚至性格都有深刻影响。

如果以上这些都太难理解，那就坐下来喝点吧。喝酒本身就是个很好的例子。

遗传学家丹尼斯·布赖纳说："我喜欢喝杜松子补酒（杜松子酒和滋补酒的混合饮料）。"他用自己最喜欢的酒来解释他的研究。"我甚至可以光喝滋补酒而不用掺杜松子酒。我真的很喜欢苦味。"

但并非所有人都与他的口味相同。让不同的人品尝同一种纯苦味的物质，例如滋补酒里的奎宁，他们的反应会大相径庭。"大多数人会说它很苦，有些人会说根本不苦，还有少数人会向你大喊大叫，说你想毒死他们。"

人们早就知道会有这种情况了。但现在布赖纳和其他科学家开始把这种主观感觉的歧异性与味蕾中味觉受体蛋白的基因编码联系起来。

他们研究的对象堪称是最著名的苦味剂——苯基硫脲（PTC）。这种化学物质是20世纪30年代由工业化学家阿瑟·福克斯发现的。福克斯发现有些同事觉得它苦得出奇，而有些人（例如他自己）则完全尝不出苦味。能让不同人感受到这种苦味的浓度临界点也不相同。

布赖纳准备从基因学角度解释这种差异。他比较了7号染色体上苦味受体基因编码的排列顺序，从而确定了PTC受体的基因。他们发现PTC受体基因只是23种苦味受体基因中的一种，这可以解释为什么人们对苦味的感觉如此不同。对其他味觉受体的初步研究表明，它们也有同样丰富的多样性。因此，你品尝到的食物味道似乎真的是只有你才知道。

经证实，嗅觉的种类也惊人地丰富，但与味觉稍有不同。人们可以通过鼻腔中分布的约400个受体分辨约一万种不同味道。但人们早就知道每个人闻出的味道都不一定相同。现在遗传学家们证实，这是因为每个人都有一套不同的受体。

嗅觉受体各不相同，而且可以很容易地通过其DNA排序加以分辨。但让人们倍感惊讶的是，他们发现人类染色体组里含有大约1000个这种基因。

这些基因如何与已知的400种受体相对应呢？原来约有600个基因是"假基因"——这种碱基序列看起来像基因，也和基因一样参与遗传，但已经丧失了功能。感官科学家认为，这是一个很有趣的发现，因为他们发现假基因是最近才丧失功能的。因此，以色列的雷霍沃特魏茨曼学会的一个研究小组想知道，某些人体内是否仍然有部分嗅觉假基因在起作用，它们跟人们的嗅觉差异是否有关？

这个小组找出了51个在某些人身上仍起作用的假基因。然后他们召集了

189名不同种族的志愿者，检查他们的嗅觉受体基因。他们发现，每个人身上起作用的假基因的组合都是独特的，因此他们的嗅觉受体也各不相同。

当然，对滋补剂的天生反感或对玫瑰花香味很敏感不可能对你的生活造成很大影响。然而，其他感官的差异可能重要得多。

对人类而言，有一种感觉不可或缺——视觉。但不同人对光和色彩的分辨能力却可能大相径庭，这要再次归结为基因的差异。纽约市哥伦比亚大学的斯蒂芬·曾研究与感光度有关的基因。他发现很多与感光有关的基因有几种不同的形式，这可能导致不同人对光线敏感程度的巨大差异。

不同人对颜色的感知能力也有很大区别。这不仅是指人类中有8%（大多数为男性）患有不同程度的色盲。华盛顿大学西雅图分校的遗传学家萨米尔·迪布研究色视觉，他说："色彩感知测试表明，即使是视觉正常的人，各自看到的颜色也可能相差很远。"

视网膜上数以百万计的视锥细胞负责感知颜色。正常人的视锥细胞分为3种，分别对红光、绿光和黄光起反应。因此人类是3色视觉者，在理论上我们能分辨出200万种以上的颜色。感知蓝光的视锥细胞是统一的，但解码红色的和绿色的基因至少各有4种。这些基因都存在于X染色体上，而男性只有一条X染色体，所以这些基因的变异很容易在男性身上表现出来，常常导致轻微的色视觉障碍。

视觉基因的变异不只是会造成视力缺陷，它们也可能提高某些女性的色视觉。女性有两条X染色体，因此可能出现一条X染色体携带正常基因，另一条携带某种基因变异体的情况。这意味着某些女性多了一种视锥细胞，可能是四色视觉者。迪布已经开始研究这些视觉超强的女性，他指出这种情况并不罕见。"大约15%的女性是色盲或色弱基因的携带者。通过对其中43人的测试，有两人表现出四色视觉的迹象。"

那么四色视觉的女性会看到什么正常人看不到的东西呢？"我多希望我能告诉你啊。"迪布笑着说。他认为她们可能分辨出三色视觉者无法分辨的颜色。例如，她们能区分两片似乎完全一样的绿叶。不幸的是，色视觉正常的我们永远也不知道自己错过了些什么。

同时，在加拿大蒙特利尔的麦基尔大学，科学家把老鼠的尾巴浸到热水里，研究它们对疼痛的反应。杰弗里·莫吉拉的研究小组测验了12种老鼠后发现，尽管某些种类的老鼠在两秒钟内就把尾巴拔出了热水，但有些种类老鼠的反应时间却长达6秒。他在一系列实验之后得出结论，肯定是基因造成了痛觉的歧异性，现在他正准备追根溯源。

最近有证据显示，人类的痛觉差异也是生物学上的原因。韦克福雷斯特大学医学院的鲍勃·科格希尔征集了17名志愿者，让他们的小腿接触热的东西。他逐步提高这种东西的温度直至49℃——这是大多数人的皮肤可以接受而不被灼伤的极限。然后科格希尔让实验对象为自己感觉到的疼痛评分，从1（不痛）到10（剧痛）。他们评分的差别之大令人吃惊：有的人觉得温度上升一点就难以忍受，但有一名实验对象竟然没感到任何不适。

科格希尔在志愿者接受核磁共振大脑扫描的情况下重复这个实验，他发现人们表示的疼痛程度和他们大脑皮层的活跃程度有明显联系。"痛觉感知的差异很惊人，实验表明，这些差异是真实和客观的。"

因此，人类至少有4种感觉存在差异。你的视觉、嗅觉、味觉和痛觉几乎肯定与我的有所不同。保罗·布雷斯林认为，这样的发现意义非同寻常。"如果你认为我们出生以后几乎所有东西都是通过感觉系统学到的，那么，个体的感觉差异就更值得研究了。"换言之，从某种意义上说，我们都是本人感觉的产物。布雷斯林认为，这些差异甚至可能影响我们人生中的很多决定。他说："在我们喜欢的食物、参加的活动、欣赏的音乐，甚至愿意约会的对象中，视觉和嗅觉因素会产生重要影响。"如果这些因素是由基因决定的，那么合理的结论就是，基因或多或少已经预先决定了我们会喜欢某些东西或某种人。我们作选择的自由是有限的。

快乐到底是什么

那可能是一个稀奇、有悖伦理的实验，不过那终归是20世纪60年代的一大创举。新奥尔良图兰大学的精神病学家罗伯特·希思在其病人的大脑深处植入一根电极，令他们被快乐所包围，以借此治愈他们的抑郁症、经久不愈的疼痛、精神分裂症、自杀情结、上瘾甚至在当时被当成精神紊乱的同性恋等疾患。

希思的实验基于10年前的一项研究成果：科学家发现在老鼠脑部的相应部位——"奖赏中心"——给予柔和的电击，老鼠们便会处于一种似乎是极度快乐的状态。为了再次得到这样的电击，老鼠们会一遍又一遍地去重复一系列复杂的动作。希思想试试人类会不会也有同样的反应。事实证明，人类的反应相同。当他们得到一次电击时，他们表示感觉很好。当他们自己掌握了电极的控制键时，他们便会不停地按键，有时会连续按上上千次。

不过，希思不太走运，这种方法没有任何持久的疗效，当电流被中断时，良好的感觉立刻就消失了。后来，希思放弃了实验，转而进行精神病学的其他研究。但他的这项实验却一直被当成一种有关快乐的理论的一个有力证据。这一理论认为，在脑部制造快乐是件十分简单的事情，只需刺激相应的神经化学反射区即可。

对历代的诗人、作家和玄学家来说，快乐一直与对上帝、爱情或一座美丽的花园等的思考联系在一起，快乐是一个谜，微妙而具有多面性。但现在，天堂似乎可以与将几微安的电流注入大脑中部一个极微小的区域画上等号。

在20世纪80年代，人们已经将大脑奖赏中心的脑电图画出来。人们还画出了脑部的各个区域，并且认为在各区域间传导信息的化学递质是多巴胺，所以奖赏中心又被称做"多巴胺系统"。另外，人们对奖赏中心的功能有了一致认识，这就是对动物进行像吃东西和性交这类具有生存意义的活动进行奖赏。在此后的许多年中，从像吸食海洛因、达到性高潮这样强烈的快感，到相对平和的饱餐后的满足和赢钱的激动等，任何一种可以想象得到的自然或不自然的快乐，都被与奖赏中心和多巴胺的释放联系到了一起。直到最近，情形都差不多如此。

尽管如此，许多科学家仍然认为头脑中产生快感的原理还远未被揭示出来。密歇根大学的神经科学家肯特·贝里奇便从他正在做的实验中得出了不同的结论。他认为，电击给那些病人和老鼠带来的感觉不完全是快乐，而是另一种有细微差别的东西——欲望。在他看来，希思及其他研究人员将欲望错当成了喜爱。与此同时，牛津大学的埃德蒙·罗尔斯发现，在另一个完全不同的脑区——眼睛后部的额眶皮质区——也能产生快乐。俄亥俄州立博林格林大学的雅克·潘克塞普、威斯康星大学的安·凯莉，以及其他科学家则发现，传递快感的化学递质很可能是脑啡肽，而不是多巴胺。

目前还没有人能将所有这些研究成果串在一起进行合理的解释，但是科学家们渐渐地对大脑是在哪个区域产生快感及如何产生这些快感有了一个新的认识。认为快乐是对提升生存状态行为的一种奖赏的观点仍然十分重要，但科学家们发现，快乐的功能远不止于此。他们发现，快乐似乎参与了从挑选食物到解答数学题的所有决策过程。快乐帮助我们作出行动计划、让我们的大脑过滤和选择轰击我们感官的各种声、光、味信息。快乐可能是我们所有情感的来源。也许知觉本身都是由简单的快感或不快感逐渐演化来的。

虽然是贝里奇让人们注意到"欲望"与"喜爱"之间的区别，但贝里奇决不是唯一意识到用"快乐"来描述与多巴胺系统相关联的活动并不准确的研究人员。当人们服用了阻碍或是刺激多巴胺释放的药物后，人们并未表示出对某种口味的喜好发生了变化。潘克塞普说，这说明多巴胺系统本身并不能制造快乐。"多巴胺系统是关于动机和追求的。它给出一种大致的欲望或是催促，一种参与到世界中的热情。"

对毒瘾的研究进一步说明多巴胺系统主管的是欲望，而不是快乐。染上毒瘾的人为了维持他们的快乐感必须不断增加毒品的剂量。他们只是"想要"越来越多的毒品，而不是说他们越来越"喜欢"毒品。

那么究竟在哪里我们感觉到了快乐呢？这可不是一个微不足道的问题。据凯莉说，只有完全了解了快乐和欲望的脑电图，我们才有可能更好地理解目前威胁发达国家人们身体健康的两个最大因素：肥胖和吸毒。

一种看法是，快乐来源于二组不同的脑化学物质。给人带来快感的药品不仅会激活多巴胺系统，同时还会刺激一系列被称为脑啡肽的化学物质的分泌。吗啡和海洛因都属脑啡肽。这些化学物质似乎能激活脑深处的电路，该电路与多巴胺系统有所重合。有没有这样一种可能：脑啡肽电路是快乐的来源，而多巴胺系统则产生与快乐相似的"渴求"？

最近，贝里奇和其他一些科学家发现，脑啡肽受体不仅分布在多巴胺系统，而且在脑部有着广泛的分布。贝里奇相信，他们发现的是一种电路系统，脑啡肽是该系统中的递质，传导源于本能的快乐。这一电路系统的一部分与多巴胺系统重合，部分脑细胞同时参与两个系统的活动。不过这两个系统的任务和参与活动的化学物质完全不同。而根据牛津大学一个研究小组的结果，快乐不是由脑深处组织和脑啡肽细胞独立产生的，脑表面的细胞也对快乐的产生作出了关键性的贡献。而且令人吃惊的是，每一种形式的快乐都与一种特别的神经元有关。例如，某些细胞会对甜食作出反应，另一些则对油腻食物作出反应，还有的对钱财作出反应等。

所有这些细胞都在前脑一个被称为额眶皮质区的范围内，该区就在眼眶的后面。长期以来，人们知道这个脑区与情绪有关。但牛津大学这个由埃德蒙·罗尔斯领导的研究小组则认为，额眶皮质区正是享乐主义的发源地。

关键的是，罗尔斯与他的同事们发现，额眶皮质区活动的增减直接与人的吃、喝、触摸等的快乐感相连。即使是抽象的快乐，像听音乐、看见美丽的脸蛋、得到经济上的奖赏等，似乎也与该区的活动有关。每一种形式的快乐都与特定的神经元相关。总之，额眶皮质区可能有10%的神经元在充当快乐传感器。

在脑的各个部位都发现了快乐中心后，研究人员不禁要问：它们都有什么作用？已经得到的答案是，快乐对所有的基本脑部活动施加影响，快乐远不止是人类独有的执著追求，很可能自古有之，并且在不断进化。

快乐的出现可能只是出于一个简单的目的：指导行动。动物在同一时刻总是会有各种各样互相矛盾的需求：吃、喝、安全、求偶、保持温暖等，与每一种需求相对应的便是一个动机。加拿大蒙特利尔拉瓦尔大学生理学系的米歇尔·卡巴纳克说："脑部应该存在一种在各种动机之间进行协调的介质。如果缺乏这种介质，就不可能对先做什么、后做什么进行排序。"

卡巴纳克做了一系列实验，企图确定快乐是否就是那个促使我们决定先做什么并将它做好的因素。他对各种动机如金钱、痛苦、舒适、美味等进行了比较。他说："在所有的情况下，快乐确实是让各种动机进行交流的那个介质。"

卡巴纳克说，我们利用快乐来做所有的决定。所有的决定都是为了使我们的快乐最大化。我们称它为"本能"，但实际上，它是对快乐的追求。

当然，人类显然不是即时满足的奴隶。我们可以克服获得眼前快乐的欲望。这其实也是为了最终使我们的快乐最大化，因为只有拒绝眼前的满足，我们才能获得长期的回报。

快乐在决策时所扮演的这一基本角色使得许多研究人员认为，作为一个基本的生理过程，快乐是远在人类出现之前就已出现并逐渐演化来的。卡巴纳克认为，它应该是在两栖类动物与爬行类动物时期出现的。潘克塞普说："快乐和痛苦是进化过程中最早的情感形式。"人类复杂的思想和情感，以及知觉本身，可能都能追溯到一种最简单的感觉：快乐或者不快乐。

"幸福"有性别特征吗

多年的研究证实：男女对幸福有不同的认识、不同的体验，男女幸福观差异极大。女人看重幸福感，认为这极为重要，不可或缺，而男人对此却较为麻木。比较而言，女人更容易获得幸福感。

俄罗斯科学院心理学研究所的专家进行了一次心理测试——让一组男人和一组女人回答同一个问题：幸福意味着什么，如何理解幸福。答案颇耐人寻味。

大部分男人对这个问题没有兴趣，回答简单而空洞，大多只限于电影和文学作品中泛泛的说法。有的人皱着眉头想了好久，回答令人失望："我不知道……我根本没想过……为什么要知道这个呢？"

相反，女人的回答详细而充实，而且非常有个性，就好像经常思考这个问题，或者多次回答过这个问题一样。

对于一些女人讲的道理，就连心理学家也还没悟出来。比如说，幸福对女人来说不是玩具，也不是消遣，而是实实在在需要解决的重要课题。看来，女人不只是幻想得到幸福，也不只是感叹——"如果……就好了"，而是努力掌握从现实生活中获取幸福的秘诀。

男人和女人的生活理想和目标不尽相同。可以说，女人有目标，男人却不是很清楚自己想要什么。甚至一些男性的代表人物也不明确自己的主要需求，谈到这个问题时说的都是口号性的话。德国唯心主义哲学家施本格勒说，幸福就是安宁；马克思认为，幸福就是斗争；在法国作家福楼拜看来，不需要幸福；而俄国作家、文学评论家车尔尼雪夫斯基认定，只要有愿望就是幸福的人。

俄罗斯专家使用两位美国心理学家提出的衡量对生活总的满意度的标准

△ "女人的幸福就是与心上人相伴"过时了吗

和方法，评估了我国男女对幸福的感受程度。调查结果显示，我国女人对幸福感受程度方面的平均指标高于男人。

课题负责人吉达里扬副博士说，女人善于控制事态的发展，而且能使生活的道路符合自己的目标和有关生活意义的认识。女人大多认为自己生活的进程是有意思的、有激情的、有成果的。

但是，"女人的幸福就是与心上人相伴"的歌词绝对过时了。无论是形影相随的爱人、装修讲究的房子、漂亮时髦的服饰，还是女友羡慕的言辞，旁人嫉妒的目光，都不是女人有幸福感的绝对概念。我们发现，未婚而且没孩子的女人总的来说感觉自己比已婚的女人幸福。

吉达里扬副博士说，根据近年来得到的调查数据可以推测，与女人相比，男人能从婚姻中得到更多的好处和好情绪。也许这是因为，在家庭婚姻关系中，妻子使丈夫得到更可靠的社会支持和情感依托。女人与男人不同，她们多半从婚姻以外，从女友、亲属和邻居那里寻找这种支持和充实。

通过观察可以证明全世界心理学家都认同的观点：婚姻与其他社会关系不同，女人对婚姻的满意度明显低于男人。

那么，什么是女人的幸福呢？原来，女人的幸福就是，能生活得高兴，感觉生活有意义，有心理平静和活得踏实的感觉。相比而言，男人的幸福就非常传统了。物质地位、工作和周围人的认可对男人依然十分重要。总之，对男人来说最大的幸福是所有人都羡慕他有好运。

男人总是避而不谈，可是应该说他还是有生活目标，那就是获胜。虽然有智力、体力或精神方面的压力，但他也会不惜任何代价地证明自己在各方面都有优势。他要让世人知道，自己是个令人陶醉的爱人、无与伦比的幽默家和不可战胜的斗士；他有酒量、有天赋、有见识，没有他解决不了的问题；他比任何人都厉害、聪明、有福气，无论对手拿出多么有分量的证据。

那么，如何才能成为幸福的人呢？许多心理学家认为幸福的因素是，善于解决困难和生活中遇到的问题，能顺利地应对各种令人发怵的局面并且克服心理上的不适。

也就是说，幸福与其说来自生活，不如说来自对生活的态度。遇到任何不幸都不消沉，而是向周围人敞开心扉的人被认为是最幸福的人。而离群索居、自我封闭，或设法逃避现实的人会感到无所适从。

身体健康、很有教养和比较成功的人是自爱的，他们不看重生活中的消极方面，不作悲观的预测，很少有孤独感。他们认为可以通过自己的努力影响事情的发展和生活进程，但又注意期望值适度。

为什么男人为地位而奋斗

成吉思汗不是一个为性别角色感到烦恼的人。他对女人和权力都兴趣盎然，这位大汗曾大声说过："男人最大的乐趣就是征服他的敌人，驱赶他们，骑上他们的马，并夺走他们的财产。"他对这样说毫不介意。在13世纪初，成吉思汗征服了已知世界的2／3，建立起一个东到朝鲜，西至东欧的庞大帝国。他可能还创下了生物学家所说的生殖成功的历史纪录。在他去世33年之后撰写的一份报告说，成吉思汗的子孙多达两万人。今天的研究人员认为，如今生活在原来大元帝国疆域里的人口中的8％可能带有成吉思汗的基因。

自成吉思汗时代以来，人类的风俗习惯已经发生了显著的改善。伊斯兰教徒妻妾成群的习俗在几个世纪前就不合时宜了，甚至专制的君主如今也不会把掠夺和压迫作为自己的理想，尽管在本质上我们与800年前的人一样属于同一种动物，也就是说我们是想出人头地的人。我们也许会讨论平等与博爱，我们也许为没有阶级差别的社会而奋斗。但是，我们一直在建立等级制度，并运用手段获得较高的社会地位。我们能放弃这种倾向吗？可能不会。这是因为科学家们如今正在揭示出的真相表明，这种倾向不只是一种习惯或者文化传统。它是男性心理的特点——一种生物学上的本能冲动，扎根于神经系统，是由激素和大脑化学物质控制的。获得优势地位的冲动扭曲我们的感觉，影响我们的友谊、情绪和健康。不过，我们并不是因为有这种冲动而总是使自己的处境更糟。等级制度能带来冲突和不公正，也能带来和谐。即使我们不能消除等级制度，但毫无疑问的是，我们能够使之更加温和一些。

渴求地位的并非只是男性，不过在人生的每个阶段，他们都比女性更加固执地想出人头地。研究表明，男孩在13个月时比同龄的女孩更加固执己见，男孩刚学会走路时比女孩更有攻击性，而几乎在任何年龄段，男孩都比女孩更具竞争意识。女孩愿意参加需要合作的游戏，而男孩早在6岁时就建立等级制度，并在混乱激烈的游戏中保持这种制度。在青少年时期，他们在吹嘘、威胁和争斗方面胜过女孩。他们成年后，对社会差别不以为然，支持军费开支，更不可能与同性朋友分享个人感情。美国德拉姆大学的心理学家安妮·坎贝尔在她的书《她自己的头脑》中评述说："男性的关系更多像是联盟。他们彼此支持，并分享利益和参与活动，但又总是小心翼翼。"

我们如何知道这种对出人头地的孜孜追求是一种生物学意义上的天赋呢？如果这种倾向只在某些社会出现，那么把它作为我们后天习得的东西就容易多了。但人类学家几乎在他们看到的各个地方都发现了相同的模式，动物学家的发现也是如此。在蟋蟀、小龙虾和大象的世界中，雄性之间存在着激烈的竞争；在高等灵长类动物中，雄性之间的竞争是无所不在的。美国埃默里大学和耶基斯国家灵长目研究中心的行为学家弗兰斯·德瓦尔说："雄性黑猩猩对获得优势地位有非常强大的动力。它们经常为地位施展手腕。"像人类的男性一样，雄性黑猩猩为了保住或者抢占较高的社会地位会虚张声势，搞阴谋，有时甚至还实施谋杀。和人类男性一样，它们在社会地位提升和下降时会出现身体和情绪上的反应。当男性准备打架甚至是在进行国际象棋比赛时，他们的体内就会产生大量的睾丸激素，这是一种已知的可增强身体力量和攻击性的激素。哈佛大学人类学家理查德·兰厄姆说："在角逐期间，睾丸激素水平达到最高值。随后，赢家体内的睾丸激素仍然很高，而输家体内的睾丸激素则下降。"换句话说，我们的腺体促使我们加入可能取胜的冲突，阻止我们进行愚蠢的冒险。这是巧合吗？

进化论者认为这并非巧合。他们认为，生命在本质上是生殖的竞赛，而自然选择必然使不同的生物采取不同的战略。为什么男性比女性更有准备，去参加支配地位的角逐？就生殖而言，男性可以从中获得巨大利益。女性不可能通过霸占更多的配偶而使基因库中到处是她的基因，不管她得到多少精液，她也就只能生育十几个后代。但正如成吉思汗的功绩所表明的，男性能够通过超越其同辈获得巨大利益。坎贝尔评述说："如果10％的男性独占女性人口的50％，那么其他男性可能就要面对至死无儿无女的事实，除非他们为获得自己应得的那部分生殖机会而抗争。"不难看到，那种动力——经过数百万年的演变——将如何使现代男性为争取地位而烦躁不安。组成我们身体的基因是从最坚定的竞争者那里遗传下来的。

幸运的是，我们并不渴望拥有一个有800人的家庭。一夫一妻制和避孕用具可能消除了生殖上的差别，而权力已成为自身的心理奖赏。康涅狄格大学心理学家詹姆斯·奥尼尔说："它是男性身份的一部分。我们为成

△ 大多数男人想拥有成功的事业

功和往上爬而奋斗。"不过，那些社会地位高的人仍然比其他人拥有更多的性伙伴，其中的原因也并不神秘。在过去的半个世纪中，研究人员收集了有关女性择偶偏好的大量资料。他们研究了原始社会，进行国际调查和试验，甚至还分析个人征婚广告，始终发现女性对"挣钱能力"迹象的青睐胜过对英俊相貌的喜爱。一个身穿蓝色运动衣、手戴劳力士手表的脸色苍白、秃顶的老家伙几乎每次都会胜过一个身穿汉堡包王快餐店制服的小伙子。看来，权力实际上是最终的壮阳药。

出于同样原因，无权无势可能是有害的。数十项研究表明，男性抑郁与成功、权力和竞争方面的问题有关。得克萨斯大学心理学家戴维·巴斯说，突然失去工作对人的打击尤其是毁灭性的，这使男性婚姻破裂、丧失自尊。次要地位的压力甚至可能造成身体疾病。斯坦福大学生物学家罗伯特·沙波尔斯基说："社会经济地位低下带来的是患上大量疾病的危险大幅度增加。"对动物的研究表明，地位低下可导致血压升高，免疫系统受到抑制，心脏受到损伤。地位低下对人体健康的影响不那么清楚，但沙波尔斯基预

计，科学家将会揭示同样的联系。

在这个等级制度不可避免的世界中，还有希望实现和平、公正或者普遍的幸福吗？前景并不像这些研究结果表明的那样可怕。男性也许对等级着迷，但我们并不总是为此发生冲突。实际上，一旦我们弄清楚谁的等级高一点，谁的等级低一点，我们经常就会放松下来，并融洽相处。沙波尔斯基说："如果资源分配不均衡，你可以奋起抗争，或者你可以通过一个稳定的控制体系得到同样的结果，而不用每次都诉诸武力。这是一种保守的避免争斗的方式。"

没错，处于底层的生活可能是很糟糕的，不过高层也不是得到满足唯一的地方。德比大学心理学家保罗·吉尔伯特说："人们通常以为社会等级就是关于每个人试图爬到高的等级。在追求高等级与避免低等级之间存在重大的差别。"如果老板不是一个专制的人，那么作为中层管理人员也是不错的情况。即使你处于一个等级制度的最底层，通常也有可能在另外一个等级制度中出人头地；在白天作为看门人，而在黑夜则是武术大师。

这并不是说事情总是向最好的方向发展。这个世界上到处是潜在的独裁者，而"获得超过你应得的那一份"仍然是优秀男性的座右铭。伯克利加利福尼亚大学心理学家达谢·凯尔特纳指出，美国一流的首席执行官平均年收入为3750万美元——是普通工人年薪的1000多倍。成吉思汗会对此表示认可。好消息是高的社会地位不能仅靠权力就能保持下去。即使在非人类的灵长类动物中，最持久的领导者是那些善于笼络人心、取悦支持者和慷慨待人的人——简而言之，是那些大家都同意由其控制的人。他们体内也许有多余的睾丸激素，但同时有复合胺（一种控制冲动的神经传递素）中和前者。尽管会迅速面对潜在的挑战者，他们更多的是虚张声势，而不是使用武力。沙波尔斯基说："如果你滥用权力，那么你可能就会失去它。"男性想必会在生活的磨难中得到这个教训。不过，我们已经有了长足的进步，而新千年刚刚开始，我们来日方长。

耶利哥考证

耶利哥古城位于耶路撒冷和安曼之间的约旦河谷平原中央，是地球上最低的城市。据《圣经》记载，早在约书亚接替摩西成为以色列人的领袖，率领以色列人攻陷和摧毁耶利哥之前，耶利哥就已经是一座名城了。

△ 耶利哥遗址

自19世纪60年代起，考古学家们开始搜寻耶利哥古城遗迹。到了20世纪50年代，英国考古学家凯思林·凯尼恩博士在1952年到1958年间，发掘出一些更古老的城墙遗址。经测定，耶利歌在被以色列人摧毁以前至少存在了5500年。

古城耶利哥遗址在现今耶利哥城市郊一个绿洲旁的土丘下。建于公元前7000年左右的耶利哥古城墙用雕凿整齐的小石块砌筑而成。墙基厚达1.8米，断垣高低不一，是高处超过6米，一般高3.65米。城墙外的岩石中还发现了一条掘开的大沟，城中央有一座高大的石塔。

学者们还认为，耶利哥古城的第一批居民是属于"那图夫文化"时期的巴勒斯坦人。"那图夫文化"存在于公元前8000年左右新石器时代陶瓷器期之前。

为什么中国人自称"龙的传人"

龙，是中华民族的象征，每一个炎黄子孙都是"龙的传人"。龙成为了一种文化，在中华儿女的心中，占有不可取代的地位。龙这一虚幻的神物，盘旋在人们心中已有几千年之久。

中国龙起源于距今8000年左右的新石器时代。人们出于对大自然的崇拜与祈盼五谷丰登的美好愿望，在心中构造了一种拥有马头、鹿角、蛇身、鱼鳞、鹰爪、鱼尾等特征的神兽，并赋予它翻云覆雨、兴风作浪的神力，这就是龙。

在中国古代神话中，人类是由女娲用黄土造出来的。女娲这个人物形象是谁创造的呢？按普遍的说法，女娲最早应是奉蛇为图腾的民族创造出来的。什么是图腾呢？图腾是原始社会氏族的一种标志，图腾信仰是一种非常原始的信仰。而蛇图腾的色彩在女娲、伏羲等的形象上能明显地看出。蛇图腾分布很广，最初主要集中在我国的东南部和西南部；在几千年的不断迁徙中，各民族的文化互相交融，蛇图腾传遍了长江南北，在台湾的高山族、海南的黎族中都有蛇图腾的遗迹或习俗。在奉蛇为图腾的地区，人们一般认为"蛇"是"龙"的原形，"龙"是"蛇"的神性显示。所以在江苏、浙江、安徽一带称家蛇为"苍龙"、"天龙"、"家龙"等等，在广东、广西、福建等地有些民族自称"龙种"、"龙人"、"龙户"，并建蛇庙，祭祀蛇神。

由此可以看出，我们中华民族和龙之间是有着深厚的历史渊源。龙是中国人的象征，中华民族骄傲地认为自己是"龙的传人"。

在中国古代神话中，龙频繁出现，它成为了开天辟地的神，帮助黄帝统一了中国，又力保大禹治水，为千千万万人民造福。

在封建时代，龙象征着皇权、神权，有不可侵犯的威严；而在科技飞速发展的今天，龙则成为一种吉祥物，飞入寻常百姓的生活。人们舞龙、赛龙舟，在灯谜、对联、图画中，龙成了不朽的主题。

龙，集日月之精华，汇天地之灵气，具百兽之形，兼包容四海、吐纳百川之胸襟，在这新的时代，更被赋予了新的生命。它不仅是中华民族的象征，还代表着中华民族的精神。

炎黄古战场在哪里

　　黄帝和炎帝"阪泉之战"古战场究竟在何处？这个史学界长期悬而未决的课题，经北京市社会科学院专家和延庆县历史研究所工作者多方考证认定：炎黄"阪泉之战"古战场就在著名古迹八达岭下延庆县的张山营镇上阪泉村、下阪泉村一带。

　　炎黄二帝所处时代，是我国新石器时代仰韶文化后期，他们开创了中华民族文化之源。炎黄是我们共同的祖先，中华民族称"炎黄子孙"概源于此。

　　1992年6月，北京市社会科学院魏开肇、尹钧科会同北京史学研究会会长曹子西组成专家小组，先后查阅了《左传》、《史记》等10种史籍

△ 轩辕黄帝像

文献，多方论证分析认定：当今延庆县上、下阪泉村一带就是炎黄"阪泉之战"古战场。

　　为弘扬中华民族的历史文化，纪念炎黄二帝对中华民族的形成和发展所作的伟大贡献，北京延庆县有关部门已决定在上、下阪泉一带树碑、建炎黄纪念馆。届时，这里将成为海内外炎黄子孙寻根祭祖的好去处。

楚河汉界今安在

象棋盘上，两军对垒的中央有一条"楚河汉界"，这是比拟历史上的"楚汉相争"。那么，"楚河汉界"现在究竟在哪里呢？

有的人以为，今日扬子江畔的楚汉之地就是历史上的"楚河汉界"。其实不然，据史书记载，古代豫州（今河南省）荥阳成皋一带，才是真正的"楚河汉界"。它北临黄河，西依邙山，东连平原，南接嵩山，是历代兵家兴师动众的古战场。

公元前205年至公元前203年，楚霸王项羽与汉王刘邦在荥阳成皋一带短兵相接，进行了一场我国古代战史上以弱胜强的战争。刘邦为了改变楚强汉弱的不利形势，采纳谋士张良等人的建议，重用谋臣，团结内部力量，在军事上

△ 成皋城遗址

制定了一个正面坚持、敌后扰乱和南北两翼牵制的对楚作战方针，凭借后方粮草充足，兴兵击楚。公元前203年10月，刘邦乘楚军主力东进，进攻成皋，成皋守将曹咎起初还遵照项羽"小心坚守成皋，即使汉军挑战，也千万不要出击"的告诫，坚守不出，但是经不起汉军连日的辱骂和挑战，一怒之下，率军出击，当楚军正在渡汜水的时候，汉军乘机攻击，把楚军的先头军队打败，后军乱了阵，自相践踏。曹咎兵败，觉得没脸再见项羽，在汜水边自杀

△ 广武山上，汉霸两座城址中隔鸿沟，遥遥相对

了。汉军夺取成皋，乘胜推进到广武（山名，今河南荥阳县东北），楚汉两军隔着一条广武涧对峙起来。

日子一久，楚军粮食缺乏，既不能进，又不能退，白白消耗了粮食。

项羽曾试图用刘邦的父亲要挟刘邦退兵，可没有奏效。不久，汉将彭越攻占了昌邑等20多个城，截断了楚军的运粮道。造成楚军粮草越来越少。在刘邦的攻势下，项羽被迫提出了"中分天下，割鸿沟以西为汉，以东为楚"的要求。从此就有了"楚河汉界"之说。如今在荥阳城东北的广武山上，还留有两座遥遥相对的古城遗址，西边的叫汉王城，东边的叫霸王城，传说就是当年刘邦、项羽所筑。两城之间有一条宽300米的大沟，便是"鸿沟"。

皇帝为何为猫立碑

明朝中后期，皇帝越来越腐化堕落，他们不顾百姓死活，或沉湎于酒色，或醉心于仙术，甚至多年不理朝政，而对供其玩乐的鸟兽却优宠有加。据《明宫史》记述，嘉靖皇帝曾下令各宫后妃和太监大量养猫。这些成百上千的猫都有名字，雄的称"某小厮"，雌的称"某丫头"，阉猫则称"某老爷"，那些得到皇帝和后妃们特殊宠爱的猫，还被封赠给"管事"的职衔，有职衔的猫称"某管事"，或直称为"猫管事"，可以同宫里的其他管事一样受到赏赐。

皇帝靠榨取民脂民膏来供养这个奇特的猫王国，光是乾明门的12只猫，每年就得支用猪肉800多公斤，肝365副。这大量的肝和肉，是列入皇帝御用开支，下令向各州县百姓搜刮的。

猫儿们如此养尊处优，已称奇妙，而嘉靖皇帝的爱猫更是荒唐。嘉靖初年，宫中有一只猫，堪称是猫王国中的骄子，卷曲滑腻的毛呈淡青色，双眉洁白如玉，皇帝御赐名"霜眉"，此猫性情温驯，日夜伴随皇帝，碰上皇帝闭目养神时，"霜眉"即使饥渴或者要便溺，也必定等主人醒来才离开，因此被封为"虬龙"。一天，"虬龙"死了，嘉靖帝如丧考妣，伤心不已，降旨重葬，并庄严立碑，亲题"虬龙墓"3字，大有让它与山河并存之势。

后来，嘉靖帝在西苑永寿宫宠爱的一只狮猫死了，他竟传旨制金棺，葬于万寿山麓，还命大臣撰祭文荐度超生。当年有一位袁姓侍讲学士因在祭文中诌出一句"化狮作龙"，算是神来之笔，深得皇帝赏识，加一品入内阁做了大官。

"迷魂阵"村的奥秘

"迷魂阵"村位于山东省阳谷县城东北6公里处，是一个奇特的小村。南村叫大迷魂阵，北村叫小迷魂阵。大迷魂阵村小，而小迷魂阵村大。游人进村后，沿着村内狭窄的街道行进，会觉得方向随时在变，辨不清东西南北，以致在时间和空间上都发生错觉。如果没有导游，要走出村子，非常困难。

小迷魂阵村是一个分成东西两部分的村庄。东半部分称前迷魂阵，西半部分称后迷魂阵。当人们进入前迷魂阵时，会感到后迷魂阵在北方；进入后迷魂阵时，又会感到前迷魂阵也在北方。人们在村子里沿街道前行，却难以把握前进的方向，走了大半天，却又回到了老地方。在这里以太阳推算时间，也会产生几个小时的误差，在前迷魂阵，你会把上午10点的太阳当成正午12点；在后迷魂阵，则又会把正午12点当成下午4点。

"迷魂阵"村之所以使人"迷魂"，主要是村子里十分怪异的建筑格局造成的。村庄的布局不是平面展开的，而是呈新月形，两条主要街道，按弧形由东北而西南，斜斜曲曲，无固定的方向。无直胡同，街巷交叉多呈"丁"字形，平行者首尾不齐，而房屋则按街走向建筑。由于变化不明显，所以把定向各异的房屋统统当成北屋，故产生错觉，不仅如此，村外道路，田垄分布也非正南正北，正东正西，而是呈磨齿形，参差交错，不易识辨。当地有一则民谣说："进了迷魂阵，状元也难认；东西南北中，到处是胡同；好像把磨推，老路转到黑。"

据传，战国时期齐、魏两国交战，齐国军师孙膑曾在此设迷魂阵大败魏国军师庞涓，村子也因此而得名。但这仅仅是民间说法，在史书上并无记载。

探秘中国金字塔

在辽宁西部山区发现5000年前的女神庙积石冢群以后，人们期待着能有更惊人的发现。果然没有让人们失望，几年后，在这个5000年前的神秘王国一牛河梁红山文化遗址，又发现了一座5000年前的圆锥形"金字塔"式建筑和红山文化时期的冶铜遗址，还出土了一批很有研究价值的玉雕。

在距离女神庙1000米的小土山上，到处散布着带有红山文化特征的"文"字纹彩陶片以及冶铜坩埚片，这个现象引起辽西考古发掘队领队孙守道的注意。1989年夏，孙守道经过初步发掘证实，这座土山竟是全部用人工夯筑起来的，地上部分土堆直径近40米、高16米、外包巨石，内石圈的直径为60米，外石圈的直径约为100米。夯土层次分明，估计总量在数十万立方米以上。金字塔的形状为圆锥形、小抹顶。土山上面用3圈石头围砌起来，每一层石头伸进去10米，高度为1米，山下面亦用3圈石头围砌起来。金字塔顶部是冶铜遗址，有1500个炼红铜的坩埚。在大金字塔周围，还有30多座积石冢，这些积石冢都是圆锥形、大抹顶。

考古工作者对围绕在大金字塔周围的小字塔群进行了部分发掘，出土了大批玉器，收获是丰富的。一座积石冢的中心大墓里出土了一具完整的男性骨架，头部有两个大玉环，胸部佩带着双龙相交的勾云形玉佩，头的上部有玉箍，腕部有玉镯。特别令人感兴趣的是死者双手各握一玉龟，一雌一雄，相配成对。有人认为，玉龟可能是一种权力的象征，死者可能是个仅次于王者的首领人物。也有的人认为，玉龟可能是当时氏族部落集团的图腾崇拜物或保护神。

日语属于何种语系

无论哪种语言都有它的语系，但有一种语言却例外，那就是日语。曾有人认为日语与汉语是同一语系，因为日文中夹杂着汉字。其实不然，汉语属汉藏语系汉语族，而日语属哪种语系，至今仍是一个谜。

如何确定不同语言是否同一语系，在语言里一般是通过辨别各语言中数字读音相似与否来确定的。在当今世界语言中，没有发现与日语数字读音相似的数字读音，因此，美国学者将日语列为独立语系，中国学者将其视为系属不明的语言。

但日本学者对日语作为一种孤立的语言体系而存在不满，总想找出日语的所属语系来。有人把日语与太平洋诸岛语言相比较，把日语与南美语言相比较，但都没有令人满意的结果。现在能明确证明与日语同系的语言只有冲绳语，而冲绳是日本领土的一部分，冲绳语充其量也就是日语的一种方言而已。

从日语的语法结构看，日语具有与阿尔泰语系相似的一些特征，由此有人推断，日语可能和阿尔泰语系相关联，如果这种可能成立的话，将证明日本人祖先中的一支来自亚洲北部的蒙古高原、西伯利亚平原，经库页岛、北海道或千岛群岛、朝鲜半岛，进入日本本土。对于中日两国同文同种的误会，则是由汉文化对日本的历史影响造成的。公元4世纪，汉字和汉文化被引进日本，对丰富日语词汇起了重要作用，但日语只是从汉语中吸收了大量的文字、词汇、修辞等形式上的东西并为其所用，而并没有改变日语固有的语言思维方式、语序、语法结构等本质性的东西。中日两国，既不同文，也不同种。

那么，日语到底属于何种语系，至今也无法解答。